A VIDA ÍNTIMA DAS FRASES & OUTRAS SENTENÇAS

DEONÍSIO DA SILVA

A VIDA ÍNTIMA DAS FRASES & OUTRAS SENTENÇAS
EDIÇÃO ATUALIZADA E AMPLIADA
© Almedina, 2020

Autor: Deonísio da Silva
Editor: Marco Pace
Diagramação: Almedina
Design de Capa: Arlinda Volpato
ISBN: 9786586618105

Dados Internacionais de Catalogação na Publicação (CIP)
(Câmara Brasileira do Livro, SP, Brasil)

Silva, Deonísio da
A vida íntima das frases / Deonísio da Silva.
São Paulo: Almedina, 2020.

ISBN 978-65-86618-10-5

1. Citações 2. Curiosidades 3. Frases
I. Título.

20-38786   CDD-080

Índices para catálogo sistemático:

1. Frases : Coletâneas 080

Cibele Maria Dias – Bibliotecária – CRB-8/9427

Este livro segue as regras do novo Acordo Ortográfico da Língua Portuguesa (1990).

Todos os direitos reservados. Nenhuma parte deste livro, protegido por copyright, pode ser reproduzida, armazenada ou transmitida de alguma forma ou por algum meio, seja eletrônico ou mecânico, inclusive fotocópia, gravação ou qualquer sistema de armazenagem de informações, sem a permissão expressa e por escrito da editora.

Agosto, 2020

Editora: Almedina Brasil
Rua José Maria Lisboa, 860, Conj. 131 e 132, Jardim Paulista | 01423-001 São Paulo | Brasil
editora@almedina.com.br
www.almedina.com.br

A VIDA ÍNTIMA DAS FRASES & OUTRAS SENTENÇAS

—

DEONÍSIO DA SILVA

EDIÇÃO ATUALIZADA E AMPLIADA

A ARTE É UMA MENTIRA QUE REVELA UMA VERDADE
Frase atribuída a Pablo Ruiz Blasco Picasso (1881-1973), célebre pintor e escultor espanhol. Foi um dos mais talentosos artistas de sua época, com uma obra marcada por fases bem distintas: a época azul, o cubismo, o surrealismo, a arte abstrata e o expressionismo. Picasso influenciou consideravelmente a arte moderna. Algumas de suas obras são verdadeiros emblemas de nosso século, como o famoso quadro *Guernica*. Embora haja controvérsias nas interpretações, os críticos viram no famoso quadro sua inconformidade diante da destruição da cidade de mesmo nome, em 1937, pela aviação alemã, que apoiava as tropas do general Francisco Franco (1892-1975) durante a Guerra Civil Espanhola.

À BEÇA
Significando em grande quantidade, a origem desta expressão é atribuída à profusão de argumentos utilizados pelo jurista alagoano Gumercindo Bessa ao enfrentar Rui Barbosa (1849-1923) em famosa disputa pela independência do então território do Acre, que seria incorporado ao Estado do Amazonas. Quem primeiro utilizou a expressão foi Francisco de Paula Rodrigues Alves (1848-1919), presidente do Brasil de 1902 a 1906, depois reeleito, mas sem poder assumir por motivos de saúde, admirado da eloquência de um cidadão ao expor suas ideias: "O senhor tem argumentos à Bessa". Com o tempo, o sobrenome famoso perdeu a inicial maiúscula e os dois 'esses' foram substituídos pela letra 'cê'.

A BOM ENTENDEDOR, MEIA PALAVRA BASTA
Dando conta de que não são necessárias muitas palavras para um bom entendimento entre as pessoas, esta frase está coberta de sutilezas, pois

sugere que os interlocutores compreendem o sentido exato do que se disse por meio das mais leves alusões. Às vezes, é pronunciada também como advertência ou ameaça disfarçada de boas intenções. Os franceses são ainda mais sintéticos: para bom entendedor, meia palavra. Frase proverbial, este dito recomenda a concisão no falar, nem sempre aceita pelos latinos, cuja exuberância vai além da fala, estendendo-se também aos gestos. Entretanto, seus dois registros mais famosos foram feitos por autores espanhóis: Fernando Rojas (1465-1541), na célebre comédia *A celestina*, e Miguel de Cervantes Saavedra (1547-1616), em *Dom Quixote*, mas com a variante *"A buen entendedor, breve hablador"*. Exemplos de que não parecemos bons entendedores são nossas leis, inclusive nossa Constituição. No Brasil há leis definindo, para efeitos de comercialização, o que é ovo e que tipo de multa deve levar um carroceiro na cidade de São Paulo!

A BONDADE DAS MULHERES É MAIS PASSAGEIRA QUE SUA BELEZA
Esta frase é de autoria do escritor espanhol Ramón Maria Del Valle-Inclán (1839-1936), autor do clássico *Tirano Banderas*, que serviu de inspiração aos escritores latino-americanos cujos romances estruturaram suas narrativas ao redor da figura do déspota, quase sempre caracterizado como grosseiro, ignorante e cruel. Outros livros seus apresentam personagens atormentados por estigmas físicos e morais. O autor, que vestia sempre uma capa negra, teve várias infelicidades amorosas e uma delas teria sido o motivo do duelo que o fez perder um braço. Por isso, o rigor do juízo exarado sobre a condição feminina pode ter seus fumos autobiográficos.

A BURRICE É CONTAGIOSA; O TALENTO, NÃO
Esta é uma das muitas frases célebres da autoria do crítico literário Agripino Grieco (1888-1973), famoso por tiradas cheias de verve e maledicência, proferidas contra pomposos escritores nacionais, até então convictos de que dado o ofício que praticavam, muitas vezes confundindo com sua posição social ou política, não poderiam ter suas obras criticadas, a não ser em comentários favoráveis. O corajoso paraibano, entretanto, culto e irônico, não poupava ninguém e legou à posteridade uma obra de crítica literária desassombrada, imune às tradicionais igrejinhas e confrarias tão presentes na cultura brasileira. Entre seus livros estão *Vivos e mortos*, *Recordações de um mundo perdido* e *Gralhas e pavões*.

A CASA DA MÃE JOANA
A expressão 'casa da mãe Joana' alude a lugar em que se pode fazer de tudo, onde ninguém manda, uma espécie de grau zero do poder. A mulher que deu nome a tal casa viveu no século XIV. Chamava-se, obviamente, Joana e era condessa de Provença e rainha de Nápoles. Teve vida cheia de muitas confusões. Em 1347, aos 21 anos, regulamentou os bordéis da cidade de Avignon, onde vivia refugiada. Uma das normas dizia: "o lugar terá uma porta por onde todos possam entrar". 'Casa da mãe Joana' virou sinônimo de prostíbulo, de lugar onde impera a bagunça, mas a alcunha é injusta. Escritores como Jean Paul Sartre (1905-1980), em *A prostituta respeitosa*, e Josué Guimarães (1921-1986), em *Dona Anja*, mostraram como poder, o respeito e outros quesitos de domínio conexo são nítidos nos bordéis.

A CASCAIS, UMA VEZ E NUNCA MAIS
A história desta frase, provérbio consagrado que os portugueses trouxeram para o Brasil, remonta a uma praia de Portugal chamada Cascais, muito frequentada pela família real nos tempos monárquicos, que lá duraram mais do que aqui, dado que a República foi proclamada 21 anos depois da nossa. Tornou-se praia muito cara e apenas os ricos podiam suportar as exageradas despesas. O escritor português José Valentim Fialho de Almeida (1857-1911) fez o registro da frase famosa no livro *Os gatos*, em que critica os rega-bofes havidos no balneário, que "o descaramento e o dinheiro só folgadamente permitem a dúzia e meia".

A CRÍTICA NÃO ENSINA A FAZER OBRAS DE ARTE; ENSINA A COMPREENDÊ-LAS
Frase do jornalista e romancista carioca Raul d'Ávila Pompéia (1863-1895), patrono da cadeira 33 da Academia Brasileira de Letras. Foi também diretor da Biblioteca Nacional, cargo que foi ocupado pelo poeta, crítico e ensaísta Affonso Romano de Sant'Anna (1937-). Os críticos nem sempre foram bem entendidos mas frequentemente hostilizados. O autor do famoso romance *O ateneu* foi um dos poucos escritores que, com isenção, esforçaram-se por praticar ou entender a crítica. Seu contemporâneo francês, também romancista, Gustave Flaubert (1821-1880), tinha opinião radicalmente contrária. Segundo ele, era crítico quem não podia criar, assim como tornava-se delator quem não podia ser soldado.

A DAR COM PAU
Esta frase, indicando abundância, nasceu no Nordeste. Vindas da África, milhares de aves de arribação, extenuadas pela travessia do Atlântico, pousam nas lavouras em busca de alimento. Chegam cansadas e famintas, quase desabando sobre o solo. Os sertanejos, porém, não têm nada com isso e aqueles bandos representam séria ameaça às plantações. Ou eles matam as aves ou depois não terão o que comer. Desaparelhados para o combate, antigamente os agricultores matavam os pobres pássaros a pau, e não aparecia nenhum ecologista para defendê-los. O escritor Joaquim José da França Júnior (1838-1890), patrono da cadeira 12 da Academia Brasileira de Letras, registrou a frase famosa na comédia *Direito por linhas tortas*: "A mulher tomou sulfatos a dar com pau".

A DEMOCRACIA É UMA SUPERSTIÇÃO ESTATÍSTICA
Frase atribuída ao escritor argentino Jorge Luís Borges (1899-1986), poeta, prosador e ensaísta que jamais escreveu um romance, limitando-se às narrativas curtas, gênero em que se mostrou insuperável, revelando grande inventividade e extraordinária visão filosófica. Tinha obsessão por certos temas, como os espelhos e os tigres, e foi autor de frases memoráveis, sempre desconcertantes. Soube manter o encanto também como ensaísta, diluindo as fronteiras dos dois gêneros. Como ficcionista, aludia a autores e livros que jamais existiram, levando o leitor a não ter certeza de que eram realmente inventados, uma vez que Borges era um leitor contumaz, apesar de ter ficado cego muito cedo.

A EMENDA SAIU PIOR DO QUE O SONETO
Querendo uma avaliação, certo candidato a escritor apresentou soneto de sua lavra ao poeta português Manuel Maria Barbosa du Bocage (1765-1805) pedindo-lhe que marcasse com cruzes os erros encontrados. O escritor leu tudo, mas não marcou cruz nenhuma, alegando que elas seriam tantas que a emenda ficaria ainda pior do que o soneto. A autoridade do mestre era incontestável. Bocage levou essa forma poética a tal perfeição que fazia o que bem queria com o soneto, tornando-se muito popular, principalmente em improvisos satíricos e espirituosos, pelo quais é conhecido.

A IMPRENSA É O QUARTO PODER
Esta frase, que expressa em boa síntese a importância que tem a imprensa, deve sua criação ao escritor e grande orador britânico Edmund Burke

(1729-1797). Ao lado dos três poderes clássicos de uma sociedade democrática, o Legislativo, o Executivo e o Judiciário, a imprensa seria o quarto poder pela influência exercida sobre as votações do primeiro, as ações do segundo e as decisões do terceiro. Quem mais divulgou a frase em seus escritos, defendendo a mesma concepção, foi o famoso historiador e crítico inglês Thomas Cayle (1795-1881). A imprensa foi sempre importante também para nossas letras. Os primeiros romances brasileiros foram publicados em jornais e revistas.

A MAIORIA DOS HOMENS SE APAIXONA POR GILDA, MAS ACORDA COMIGO

Esta frase, dita pela primeira vez pela atriz americana Rita Hayworth (1917-1987), virou metáfora de relações amorosas baseadas na fantasia e que depois caem na real. Rita construiu uma imagem voluptuosa em seus filmes, sobretudo naqueles rodados na Segunda Guerra Mundial, que serviam de entretenimento aos soldados aliados. Deusa do amor nos anos 40, era suave, sensual e charmosa. Ótima dançarina e intérprete, a atriz encontrou boas razões para proferir a frase famosa. Seus casamentos não davam muito certo, mas ela ia persistindo. Teve cinco maridos, entre eles o cineasta americano Orson Welles (1915-1985).

A MONTANHA PARIU UM RATO

Esta adaptação dos versos de Horácio (Século I a.C.) é invocada para indicar a decepção com algo que gerara antes grande expectativa. O poeta escreveu assim para aconselhar escritores a não anunciar grandes obras antes de escrevê-las para não decepcionar os leitores. O conselho está no verso 139 de sua *Ars Poética* (Arte Poética): *Parturient montes, nascitur ridiculus mus* (dos montes entraram em trabalhos de parto, nasceu um ridículo rato). Um dos políticos que mais recentemente usou a expressão foi o ex-juiz e ministro da Justiça e Segurança Pública, Sérgio Moro, para vituperar o estardalhaço de futuras denúncias de que tinha combinado cometido irregularidades em conversas com procuradores. Quando enfim reveladas, mostraram ser diálogos triviais sobre coisas sem importância.

A MULHER É PORTA DO DIABO

Esta famosa frase foi originalmente dita e escrita em latim – *mulier janua Diaboli* – por Santo Agostinho (354-430), bispo de Hipona, na África, doutor da Igreja e um dos pilares da teologia cristã e da filosofia ocidental.

Antes de proferi-la, entretanto, levou vida amorosa das mais conturbadas, entregando-se a prazeres que depois condenou. Sua conversão é atribuída às orações de sua mãe, sobre quem escreveu um texto famoso, o *Panegírico de Santa Mônica*. Para um dialético como Agostinho, nada mais sintomático: sua salvação e perdição foram obras femininas. "A mulher é a porta de Deus" também poderia ser uma frase agostiniana.

A OCASIÃO FAZ O LADRÃO
Frase com certa sutileza malvada embutida. Dá conta implicitamente de que, havendo ocasião, surge inevitavelmente o ladrão. Diversos códigos penais basearam-se em tão triste concepção do gênero humano para vazar seus artigos. Segundo tal hipótese, o que garante não haver ladrões é um eficiente sistema de punição. Mas Machado de Assis (1839-1908), ainda que tão cínico e mordaz, corrigiu a máxima com muita propriedade para: "Não é a ocasião que faz o ladrão, o provérbio está errado. A forma exata deve ser esta: a ocasião faz o furto; o ladrão nasce feito". Pensando bem, é quase pior.

A POLÍTICA NÃO É UMA CIÊNCIA, MAS UMA ARTE
Frase pronunciada pelo lendário príncipe, chefe militar e estadista prussiano, Otto von Bismarck (1815-1898), que fez da Alemanha uma grande potência, garantindo-lhe unidade não apenas territorial, pois com ele o povo alemão conquistou sua autonomia. Para tanto, Bismarck enfrentou sérias dificuldades e ousou sustentar uma das guerras até mesmo contra o partido católico. Além disso, deu especial atenção às classes trabalhadoras, protegendo-as numa espécie de socialismo de Estado. A frase acima foi dita pela a primeira vez num discurso pronunciado em alemão no dia 18 de dezembro de 1863 e desde então insistentemente repetida em muitas outras línguas.

A PRAÇA SECA NÃO É SECA
Praça Asseca, que homenageia o Visconde de Asseca, do século XVIII, é como passou a ser nomeado o Largo Visconde D´Asseca, depois Largo D´Asseca apenas e por fim, tendo sido mais urbanizado, passou de Largo D´Asseca a Praça d´Asseca e na boca do povo virou Praça Seca. O "a" inicial de Asseca mesclou-se com a "a" final de Praça. Prevaleceu a fala sobre a escrita. Mas não é o este o caso de Viaduto Oscar Brito ter virado Viaduto dos Cabritos. Não há nenhum Viaduto Oscar Brito no Rio e foi construído um viaduto num lugar por onde passavam muitos cabritos, daí o nome.

Nem sempre a etimologia popular está errada, nem sempre a etimologia erudita é a mais correta.

A PREÇO DE BANANA

A expressão remonta a um tempo em que a banana dispensava maiores cuidados e integrava aquelas frutas já existentes no Brasil antes do descobrimento, não sendo nem necessário plantá-la para que desse frutos. Acusados de indolentes e incapazes para o trabalho, os índios ficaram plantando bananeiras, em vez de cultivá-las, que é como se denomina a brincadeira que consiste em firmar as mãos no chão e elevar o corpo, de modo a que os pés semelhem a bananeira. Tal metáfora inspirou-se no formato do pé dessa erva de grande porte, cujo nome latino é musa paradisiaca (musa do paraíso), mas que entre sua parentalha conta com a banana-anã, a banana-caturra, a banana-d'água, a banana-nanica e outras. A banana petiça, que tem esse nome por ser baixinha, é a mais cultivada em todo o mundo, por ser tão profícua quanto as de maior porte, porém mais resistente aos climas frios. A banana esteve presente na condenação do primeiro herege brasileiro, Pedro de Rates Henequim (1680-1744), que entretanto veio para cá importado. Ele nasceu em Lisboa em 1680. Era filho ilegítimo de um cônsul holandês com uma moça portuguesa muito pobre. Viveu vários anos no Brasil e voltou para Portugal em 1722, tendo sido executado em auto-de-fé, em sua cidade natal, em 1744. Mas o que fez Pedro de Rates Henequim para ser queimado vivo em praça pública? Escreveu suas pouco famosas *101 teses*, nas quais defendia ideias no mínimo curiosas e algumas delas muito divertidas. Henequim levou a sério as ideias daqueles que consideravam ser a América e especialmente o Brasil o mais aprazível dos lugares. Segundo a propaganda dos primeiros séculos, aqui não corria leite e mel porque os portugueses não tinham ainda trazido a vaca, mas o mel era conhecido dos índios, que o extraíam de favos na floresta. Para Henequim, Deus tinha criado o paraíso terrestre, o famoso Éden, no Brasil. Quando os primeiros navegadores chegaram, ainda puderam ver os últimos rastros de Adão na praia, quando de sua expulsão pelas hostes do arcanjo Miguel e sua espada de fogo. Convicto dessa certeza, passou a elaborar suas teses e desdobrá-las em complexas afirmações. O fruto proibido tinha sido a banana. Deus criara o mundo em língua portuguesa, o idioma oficial do céu. Assim, não dissera '"fiat lux"', que depois seria simples marca de fósforo, mas o elegante '"faça-se a luz"'. Bem antes de Freud, intuiu que o pecado original, sempre ligado à nudez e ao sexo, tinha outros símbolos fálicos além da serpente. Nem figos nem maçãs, como quiseram os renascentistas. Havia uma banana na História da Salvação. Para cometer o primeiro pecado, Eva não descascou o abacaxi, mas a banana.

A PRESSA É INIMIGA DA PERFEIÇÃO
Esta frase antológica ao acervo de ditos célebres pela pena do famoso jurisconsulto brasileiro Rui Barbosa de Oliveira (1849-1923) ao comentar a rapidez com que se redigia o Código Civil Brasileiro, que trouxe em sua versão final preciosas anotações do mestre. Os detalhes sempre foram importantes, nas redações das leis como nas obras artísticas. Ao longo dos carnavais, várias foram às escolas de samba que perderam pontos importantes pelo desleixo com pormenores. *O águia de Haia*, como era chamado por sua atuação em famosa conferência que pronunciou na Holanda, acrescentou que a pressa é também "mãe do tumulto e do erro".

A SELEÇÃO É A PÁTRIA DE CALÇÕES E CHUTEIRAS
Definição tão nacionalista, sumária, apaixonada e inapelável só poderia mesmo ter vindo do arsenal de frases memoráveis do célebre dramaturgo e cronista Nelson Falcão Rodrigues (1912-1980). Senhor de um estilo inconfundível não apenas no teatro, mas também nas crônicas, teve sempre com o futebol um a relação apaixonada. Seus comentários esportivos cultivavam, por vezes, o paradoxo. Vituperando jornalistas que faziam análises lógicas, racionais, ele os chamava de idiotas da objetividade. Em 1970, quando a seleção deixou o Brasil sob vaias para ir buscar o tricampeonato no México, Nelson, um dos poucos a acreditar naquele time glorioso, sentenciou: "A seleção deixou o exílio".

À SOMBRA DE UM GRANDE NOME
Esta frase tem sua origem na expressão latina *Magni nombris umbra*, encontrável em vários escritores antigos que escreviam em latim, entre os quais Lucano (39-65) e seu tio Sêneca (4 a.C.-65d.C.), o primeiro lamentando a rápida transformação do caráter do grande general romano Pompeu (106-48 a.C.) que abandonou suas virtudes guerreiras ao tornar-se paisano, ainda que sob os eflúvios solenes da toga. A frase é citada quando o homem, por seus atos, faz com que se apaguem antigas lembranças de feitos memoráveis que o credenciariam à admiração, mas que vão para a vala comum dos esquecimentos em virtude de seus desvios. As boas recordações são apagadas e o povo passa a relembrar apenas os malefícios da grande figura.

É também utilizada para identificar quem faz o mal à sombra de um bom nome, como ocorre a auxiliares de vários governantes.

A TERRA É AZUL
Esta foi à declaração do cosmonauta soviético Yuri Alekseyevich Gagarin (1934-1968), o primeiro a fazer um voo espacial, abordo da nave Vostok 1, em 12 de abril de 1961. Antes dele, a cadelinha Laika, também soviética, se é que se pode dar nacionalidades a cachorros, foi o primeiro ser vivo a ir ao espaço, no Sputnik 2 (um dos dez satélites soviéticos lançados a partir de 1957), mas morreu ao entrar em órbita. Gagarin disse a famosa frase quando contemplou a Terra de um lugar onde homem nenhum estivera. Na época, lançou um olhar humano sobre o planeta e soube expressá-lo com simplicidade e poesia.

A TERRA LHE SEJA LEVE
Esta frase é a tradução perfeita da sentença latina *Sit tibi terra levis*, que os romanos inscreviam nos túmulos, às vezes apenas com as iniciais S.T.T.L., por considerarem que aos mortos tudo se deveria perdoar. Machado de Assis (1839-1908) faz pequena variação desta frase no romance *Dom Casmurro*, levando Bentinho, o marido de Capitu, a perdoar a mulher e o amigo Escobar, que conjuntamente o traíram. Apesar de todas as evidências, vários críticos insistem em ignorar um dos adultérios mais comprovados do mundo, o que fez o escritor Otto Lara Rezende (1922-1992), entre outros, publicar famoso artigo sobre o tema, vituperando a obtusidade. Que a terra seja leve também para os que interpretam textos de forma equivocada, às vezes até em livros ditos didáticos.

A TOQUE DE CAIXA
Os árabes conquistaram a Península Ibérica, onde estão Portugal e Espanha, no século VIII e ali permaneceram por sete séculos, sendo expulsos apenas às vésperas da descoberta da América e do Brasil. Seus exércitos tinham uma estratégia militar que os diferenciava dos soldados portugueses: para muitos combates, não usavam mensageiros. As ordens eram dadas pelo rufar de tambores, chamados caixas. Era o toque de caixa. Para expulsar bêbados, vagabundos e arruaceiros das tabernas, os portugueses passaram a usar também o toque de caixa, isto é, batiam os tambores e, sem discussão alguma, colocavam todos para fora do recinto. A expressão veio a designar qualquer coisa feita rapidamente.

A VIDA É BREVE

Esta frase constitui o primeiro dos célebres aforismos de Hipócrates (460-377 a.C.), que o escreveu originalmente em grego, precedido de outra frase; a arte é longa. Tem sido muito citada ao longo dos séculos, e o cantor e compositor Tom Jobim (1927-1994) foi um dos que a aproveitaram, inserindo-a nos versos de uma de suas famosas músicas, porém em ordem inversa para fazer a rima: "breve é a vida". O pai da medicina, ainda praticando uma ciência, reconheceu ser a arte mais duradoura do que a vida, inaugurando assim a linhagem de médicos escritores, presentes em todas as literaturas do mundo, incluindo a brasileira, em que se destacam autores que exerceram a medicina como ofício principal.

A VOZ DO DONO

Tornou-se célebre a figura de um cão ouvindo um fonógrafo, acompanhada desta expressão que foi utilizada por um fabricante de discos e de um aparelho destinado a reproduzir os sons gravados. A frase teria sido pronunciada pela primeira vez por Thomas More (1478-1535), depois transformando em santo, quando atuava como juiz de uma causa entre sua esposa e um mendigo. Lady More trouxera para cada casa um cachorrinho extraviado e um dia o mendigo apresentou-se como dono do animal. Querendo ser justo, o famoso humanista inglês pôs sua esposa num dos cantos de sala e o mendigo no outro, ordenando que cada qual chamasse ao mesmo tempo o cachorrinho, que estava no meio dos dois. Sem vacilar, o animal correu para o mendigo, reconhecendo a voz do dono. Para não deixar muito triste sua esposa, o marido pagou uma moeda de ouro pelo cãozinho.

A VOZ DO POVO É A VOZ DE DEUS

A expressão veio do latim *vox populi*, vox *Dei*, traduzida quase literalmente. Há milênios o povo simples considera que o julgamento popular é a voz de Deus. Tal crença tem raízes na cultura das mais diversas procedências. Tudo começou em Acaia, no Peloponeso, onde deus Hermes se manifestava em seu templo do seguinte modo: o consulente entrava, fazia a pergunta ao oráculo, depois do que tapava as orelhas com as mãos e saía do recinto. As palavras errantes ditas pelos primeiros transeuntes seriam as respostas divinas. Perguntava-se a um deus, mas era o povo quem respondia. No Brasil, um instituto de pesquisa de opinião pública chama-se *Vox Populi* e foi um dos primeiros a prever a vitória de Fernando Collor nas eleições presidências de 1989 por larga margem. Curiosamente, não previu seu afastamento. Teria faltado a *vox Dei*? UM dos primeiros a aconselhar um soberano a ouvir a vox populi (voz do povo) que seria a vox Dei (voz de Deus) foi o abade e patrono das universidades cristãs, o monge da Nortúmbria, atual Grã-Bretanha, Alcuíno de York (735-804), em epístola a Carlos Magno (742-814), o primeiro soberano do Sacro Império Romano.

ABRE-TE SÉSAMO
Esta frase reúne as palavras mágicas e cabalísticas que, proferidas pelo herói do episódio "Ali Babá e os quarentas ladrões", das *Mil e uma noites*, resultam na abertura da porta misteriosa da caverna onde eram guardados os tesouros. Aqui está presente também a etimologia para explicar o significado de sésamo, em latim *sesamum*, que é uma planta em cujas sementes, muito pequenas e amareladas, está contida numa cápsula que se abre sem muita pressão. O sésamo nada mais é do que o nosso popular gergelim, utilizado nas padarias para fabrico de pães especiais e outras delicadezas de sabor muito raro.

ACTA EST FABULA
O cuidado com dois momentos decisivos das narrativas, o começo e o desfecho, resultou na criação de formas fixas como "era uma vez" para a abertura das fábulas, e "foram felizes para sempre", para a conclusão. No teatro romano, o fim dos espetáculos era anunciado aos espectadores com a frase acima, que significa "a peça foi representada". O imperador romano Caio Júlio César Otaviano Augusto (63 a.C.-14 d.C) escolheu esta frase como última a ser pronunciada por eles antes de morrer. Tinha feito uma administração tão primorosa que o século em que viveu foi chamado pelos historiadores de *o século de Augusto*.

AD REFERENDUM, DATA VENIA
Esta expressão, muito usada nos meios políticos, veio dos compostos do Latim *ad,* para, *re,* de novo, e *ferre,* levar. Seu significado é, pois, levar para alguém de novo. Uma coisa aprovada por *ad referendum* é isso: fica valendo, mas tem que ser levada a plenário, que pode endossar ou, mais raramente, denegar o que foi aprovado, isto é, negar, cancelar. Originalmente, a expressão caracterizava decisão a ser levada a algum colegiado para ser apreciada. Curiosamente, o particípio do verbo *ferre* pode ser relatum, de onde se fez relatório, e não apenas *ferendum*. Outra expressão latina igualmente muito usada é *data venia*, resumida de duas outras expressões,

concessa venia, permissão concedida, e *data venia*, licença dada. Quando se quer sublinhar que a permissão deve ser concedida no mais alto grau, diz-se *data maxima venia*.

AD IMMORTALITATEM
Ad immortalitatem, do Latim, quer dizer *para a imortalidade*". É o lema de muitas academias e da Academia Brasileira de Letras, fundada em 1897, que, mesmo sendo de um país lusófono, não quis tomar por modelo a Academia das Ciências de Lisboa, fundada na noite de Natal de 1779, cujo lema, também em Latim, é outro: *Nisi utile est quod facimus stulta est gloria* (Se não é útil o que fazemos a glória é tola). Serviu-lhe de modelo, curiosamente, a Academia Francesa, que tem seu lema em francês: "À *l'immortalité*", do Francês, à imortalidade, presente no selo oficial mandado fazer por seu fundador, o cardeal Richelieu, então primeiro-ministro da França (Século XVII). Academia, do Grego *academia* pelo Latim *academia*, designou originalmente um terreno perto do cemitério de Atenas onde estava a estátua do herói *Academos*, guarnecida por cem oliveiras, e onde tinha sido erguido um altar à Atena, a principal deusa da cidade-estado e que por isso lhe dava o nome: Atenas. Era nesse bosque que Platão perambulava ensinando filosofia a seus discípulos. Ele tinha 390 alunos, dois dos quais eram mulheres disfarçadas de homem para poder entrar: Asioteia de Filos (muito bela) e Lastênia de Mantineia (menos bela). Quando Platão morreu, Aristóteles fundou o Liceu, do Grego *Lýkeion*, da luz, assim chamado em homenagem ao deus da luz, Apolo Lýkeion, palavra que tornou *lyceum* em latim e liceu em português. Pela manhã, os estudos eram esotéricos, isto é, só para os iniciados. À tarde, eram exotéricos, para quem quisesse.

AI DOS VENCIDOS!
Século IV a.C. Os bárbaros gauleses tinham entrado em Roma e exigiam o regaste, pago pelos romanos em ouro. Num dos pratos da balança os pesos eram falsos, alterando para muito maior o valor do pagamento. Os romanos reclamaram e o general Breno, que comandava os soldados invasores, pronunciou em latim a fase famosa, justificando que eles não podiam reclamar de nada: *Vae victis!* (Ai dos vencidos!). O poeta paraibano Augusto dos Anjos (1884-1914), morto aos trinta anos, viu, não os vencidos, mas o vencido, fazendo dolorosa reflexão em Psicologia de um vencido: "Eu, filho do carbono e do amoníaco,/ Monstro de escuridão e rutilância,/ Sofro, desde a epigênese da infância,/ A influência má dos signos do zodíaco".

AINDA HÁ JUÍZES EM BERLIM

Em 1745, o todo-poderoso Frederico II, rei da Prússia, manda construir o famoso castelo de Sans-Souci, que fica pronto dois anos depois. Déspota esclarecido, amigo de escritores e artistas, rodeia-se ali de sábios de várias nacionalidades, especialmente franceses. Voltaire é um dos que mais frequentam sua residência. Um de seus áulicos, porém, mais arbitrário do que o governante a quem serve, ainda que sem as mesmas luzes, quer espantar para longe da vizinhança um modesto moleiro, para que o pequeno empresário e seu moinho não ofendam a bela paisagem que cerca a construção. O intendente tem a seu favor a lei informal, jamais promulgada, mas vigente em tais circunstâncias, que o político brasileiro José Maria de Alckmin tanto temeu quando ousou imaginar o que iria fazer com todos os poderes do Ato Institucional Número 5, não o ditador ou seus ministros, mas o guarda da esquina. Parodiando Camões, nessas horas "uma nuvem que os ares escurece/ sobre nossas cabeças aparece". E "tão temerosa vinha e carregada/ que pôs nos corações um grande medo". Dando a entender que fala em nome do Rei, a autoridade vai fazendo propostas em cima de propostas para que o moleiro se mude dali, ensejando assim a destruição do moinho. Nenhuma delas surte o efeito desejado. O intendente passa, então, às ameaças. Não é, aliás, assim que um de nossos senadores disse ter alcançado o poder? Ou, de acordo como sintetizou: "verba numa das mãos, chicote na outra"? O moleiro, porém, permanece irredutível e não teme as ameaças. A querela chega aos ouvidos de Frederico II e o monarca resolve conversar com aquele homem que lhe parece tão corajoso. Pergunta-lhe qual o motivo de ele não ter medo de ninguém, nem do rei. A resposta do moleiro foi resumida em frase que se tornou célebre, depois frequentemente invocada em situações em que o Judiciário é chamado a limitar o poder dos governantes: "ainda há juízes em Berlim". Ele lutaria contra o rei na Justiça. E um juiz teria que amparar sua decisão em lei que obrigasse o moleiro a se mudar dali. Frederico era poderoso, mas não era burro. E o moleiro continuou onde estava. O episódio passou à posteridade transfigurado na literatura, tendo inspirado o escritor francês François Guillaume Jean Stanilas Andrieux a escrever o conto O Moleiro de Sans-Souci. Pois no Brasil, nos tempos que vivemos, algumas frases também haverão de se tornar célebres, resumindo momentos decisivos de nossa crônica política. "Confesso que menti", do senador José Roberto Arruda, pode vir a ser uma delas. O senador poderia, quem sabe, escrever um livro cujo título seria sua frase, na linha de Confesso que Vivi, de Pablo Neruda. Regina Borges, a funcionária do Prodasen, escreveria outro: "Confesso que obedeci". Falta, porém, ainda o livro de ninguém menos do que o ex-presidente do Senado, Antonio Carlos Magalhães, de quem seus inquisidores esperavam que pronunciasse a frase: "confesso que mandei". Ele, exagerado em tudo, já pronunciou outra frase famosa: "eu tenho a lista". Depois negou, renegou e finalmente admitiu ter tomado conhecimento de uma lista com os votos dos senadores na sessão que cassou o senador Luiz Estevão. Mudou, porém, para: "eu vi, mas rasguei a lista". Desconfio mais dos santos impolutos do que dos pecadores, confessa o cronista depois de ler, ouvir e assistir às sessões do Conselho de Ética do Senado. No Senado, nas Câmaras federal, estaduais ou municipais, já foram cometidas injustiças que demoraram ou não puderam mais ser reparadas. No Judiciário é mais difícil acontecer isso. Pode ser que culpados não sejam punidos, mas é mais difícil punir um inocente, ainda que persistam erros judiciários, já soberbamente comprovados, que levaram à punição de inocentes.

ALEA JACTA EST
O general e estadista romano Júlio César (101-44 a.C.) pronunciou esta frase, que significa 'a sorte esta lançada', em 49 a.C., durante a campanha de Gália. Quando, vitorioso, voltava para Roma, ele decidira atravessar o rio Rubicão, transgredindo a lei do Senado que determinava o licenciamento das tropas toda vez que o general de Roma entrasse na Itália pelo norte. Plutarco diz que ele a fagulha que disparou a decisão de César foi um pastor que tocava flauta ao amanhecer e atravessou o riacho fugindo dos soldados que se aproximavam dele para ouvi-lo melhor. A tradição consagrou-a como sinônimo de decisão importante, tomada após reflexão e seguida de risco. É lembrada quando se quer ressaltar que não há mais possibilidade de voltar atrás, nem que se queira. Célebre em razão de quem a pronunciou em situação tão dramática, tem sido citada com frequência para ilustrar decisões irrevogáveis.

AMIGOS, PERDI O DIA
O imperador romano Tito Flávio Vespasiano (39-81), tido por seus contemporâneos como "a delícia do gênero humano" por reiterar que todos os dias deveria praticar-se uma boa ação, numa espécie de escoteiro *avant la lettre*, é autor desta frase, exclamada ao final de cada dia em que não pudera cumprir seu propósito. Mas Tito foi também responsável pela guerra travada pelos romanos contra os judeus, uma das mais sangrentas de toda

a história, que resultou na destruição do templo de Jerusalém, do qual só restou o pedaço de uma parede, hoje conhecido com o nome de *Muro das Lamentações*, onde os judeus costumam orar.

AO DEUS-DARÁ
Esta famosa frase serviu originalmente de resposta de quem não queria dar esmolas. Homens duros de coração respondiam aos mendigos que lhes estendiam a mão: Deus-dará. Eles não. Quem dependia da caridade pública ficava em má situação, ao *Deus dará*. A expressão cristalizou-se de tal forma que, no século XVII, um negociante português que vivia no Recife, de tanto proferir a frase, passou a tê-la acrescentada ao próprio nome. Ficou conhecido como Manuel Álvares Deus Dará. Seu filho, Simão Álvares Deus Dará, foi provedor-mor da Fazenda do Brasil.

AQUI SE FAZ, AQUI SE PAGA
Aqui se faz, aqui se paga,/ É lei divina, é lei de Deus, canta Nélson Gonçalves (1919-1998), invocando dito popular que soa em tom de ameaça quando falta ou falha a justiça dos homens. Curiosamente parece não haver expressão equivalente dos provérbios latinos, provavelmente porque o direito romano permitia que a justiça fosse praticada por meios judiciários. Ainda que houvesse deuses e deusas presidindo às liturgias de julgamento, de que é símbolo a figura da mulher de olhos vendados, tendo numa das mãos a balança e na outra a justiça, as divindades apenas protegiam os responsáveis por providenciar a justiça, não os substituíam.

AS MULHERES PERDIDAS SÃO AS MAIS PROCURADAS
Cantores e cantoras, como Roberto Carlos (1941-) e Sula Miranda (1963-), muso e musa de caminhoneiros, a quem dedicaram várias de suas canções, souberam inspirar-se num imaginário rico em metáforas, presente em frases como esta, extraída do para-choques de um caminhão. Tendo abandonado os projetos de ferrovias, o desenvolvimento brasileiro dos anos de pós-guerra deu preferência ao transporte rodoviário. Formou-se, então, um tipo de profissional que está presente desde então na cultura brasileira, não apenas com o trabalho importantíssimo que realiza, inclusive carregando este livro até você, leitor, mas também em frases picantes, aludindo a amores passageiros, que podem durar apenas por um trecho de suas longas viagens.

AS PERNAS SÃO TÃO BONITAS. APENAS SEI O QUE FAZER COM ELAS

Frase pronunciada pela famosa atriz alemã Marlene Dietrich (1901-1992), celebérrima por suas lindas pernas, mostradas por exemplo, em *O anjo azul*, primeiro filme alemão falado, que a consagrou internacionalmente em 1931. Fez também *A Vênus loira*, *A marca da maldade e Marlene*, este um documentário de 1984. Nascida em Berlim, naturalizou-se americana em 1939, recusando-se a voltar à Alemanha por causa do nazismo. Além de bela, muito chique e cheia de mistérios, Marlene fez uma carreira de sucesso como cantora. Morreu às vésperas de ser homenageada pelo Festival de Cinema de Cannes, na França.

ASSIM É, SE LHE PARECE

Frase de autoria do célebre escritor italiano, prêmio Nobel de literatura em 1934, Luigi Pirandello (1867-1936), autor de contos, romances e peças de teatro. Algumas de suas obras foram transpostas para o cinema. Seus livros mais conhecidos são *O falecido Matias Pascal*, *Seis personagens à procura de um autor* e *Assim é, se lhe parece*, comédia em três atos que discute a busca da verdade. Dois dos principais personagens, o senhor e a senhora Ponza, por meio de diálogos, apresentam um espelho da vida provinciana, no estilo habitual do autor, marcado por fina ironia, grande dose de sarcasmo, mas também grande compaixão humana. A frase passou a ser usada para encerrar uma discussão.

ATÉ AÍ MORREU NEVES

Joaquim Pereira Neves, assessor do Padre Feijó (1784-1843) quando este era regente do Império, morreu decapitado por índios caetés, em Aracaju. A trágica notícia foi muito comentada no Rio de Janeiro e não havia quem dela não soubesse, mas aos poucos o episódio encheu tanto a paciência do povo, que todos começaram a dizer: Até aí morreu o Neves, ou seja, queremos novidades! E a expressão veio a designar notícia velha, menos importante.

ATÉ TU, BRUTUS?

Dita em latim, originalmente, *tu quoque, Brute, fili mi?*, esta frase pronunciada por César quando, cercado por inimigos, era assassinado e reconheceu o filho adotivo Brutus entre seus algozes. Não há evidências de que a tenha pronunciado e provavelmente sua citação se deve mais à cena 2 do ato III de *Júlio César*, peça de William Shakespeare (1564-1616). Suetônio (69-141), que sabia de tudo de César, inclusive que o filho não era adotivo, mas de sangue, fruto dos amores do ditador com Servília, então casada com Marco Júnio Bruto, o Velho, de quem César era comborço. A frase todavia consolidou-se para indicar traição inesperada ou apenas surpresa.

ATÉ QUE A MORTE OS SEPARE
A história desta frase prende-se às cerimônias dos casamentos, principalmente dos ritos cristãos, que concebem os laços do matrimônio como indissolúveis. Está presente em numerosas narrativas, sejam contos, novelas, romances ou poesias. Integra também a ensaística que trata das relações entre marido e mulher na estrutura familiar. Um de seus mais antigos registros foi feito pelo apóstolo São Paulo (5-67) em sua Primeira Epístola aos Coríntios, em que se esforça para demonstrar aos leitores e ouvintes daquela famosa carta que os laços que unem homem e mulher no casamento foram instituídos, não pelos homens, mas por Deus, ainda no paraíso.

AVANT LA LETTRE
Presente nos romances de Honoré de Balzac (1799-1850), o célebre romancista francês, que também foi dono de tipografia, esta frase nasceu nas casas impressoras, designando as provas feitas antes da impressão dos textos das legendas. Passou a ser o sentido de antecipação e com tal significação consolidou-se em nossa prosódia. Machado de Assis a utilizou para defender a ideia de que recorrer à Constituinte de 1891 ou ao Congresso dava no mesmo porque tinham os poderes semelhantes: "prefiro ir à Constituinte, que é o Congresso *avant la lettre*".

AVE MARIA!
Uma das mais célebres frases de todas a religiões cristãs, significando *salve, Maria!* Foi transcrita do Evangelho de Lucas em seu capítulo 2, versículo 28, constituindo-se na saudação com que o anjo Gabriel anunciou à Virgem Maria que ela estava grávida do Espírito Santo e iria ganhar um menino a quem deveria pôr o nome de Jesus. Tão famosa ficou a expressão que tornou-se tema e título de diversas obras artísticas, como pinturas, esculturas e músicas. É também o nome de uma das mais notórias orações, que tem uma segunda parte acrescentada às palavras proferidas pelo anjo Gabriel no momento da anunciação. *Ave* já era forma de saudação na antiga Roma, como o clássico *Ave, Caesar*.

BAFO DE ONÇA
Bafo de onça designa mau hálito. A onça é animal carnívoro. Para comer, lambuza-se toda, depois vêm as moscas, o animal passa a feder uma barbaridade. Pelo mau cheiro, sua presença é detectada de longe. Bafo de onça aplica-se, então, às pessoas de hálito ruim, cuja proximidade vem a ser evitada. Mas recebeu o título de João Bafo de Onça em Portugal o personagem Peg-Leg Pete, de Walt Disney, aqui-inimigo de Mickel Mouse. Ladrão de bancos e político muito corrupto, ele enfrenta também o Pato Donald e ao lado dos Irmãos Metralha integra a galeria dos vilões de Patópolis. Casado com Tudinha, tem Escovinha como parceiro eventual em alguns roubos. O personagem surgiu em 1925 em *Alice Solves the Puzzle*. Mas, curiosamente, Bafo de Onça inicialmente era um urso e depois passou a ser um gato. Em A Turma do Pateta ele deixa de ser vilão, casa-se com Peg e têm dois filhos: Bafo Júnior e Matraca. Mas, ó glória, Bafo de Onça foi também mascote da Marinha Mercante dos EUA na Segunda Guerra Mundial.

BATEU AS BOTAS
Esta frase, indicando que o sujeito morreu, é uma variante das tradicionais "Esticou as canetas", "Abotoou o paletó", "Partiu desta para melhor". O curioso, porém, é que se aplica apenas a morto adulto, do sexo masculino, que tenha o costume de andar de botas ou ao menos calçado. O sapato tem sido símbolo de qualificação social ao longo de nossa história, tendo partilhado seu prestígio com certas marcas de tênis, em busca dos quais adolescentes delinquentes chegam a matar. Provavelmente, bate as botas ao morrer alguém de certas posses, ao menos remediado. Outros mortos apenas esticam as canelas ou partem desta para melhor. No segundo caso, partem com estilo, fazendo dupla elipse, já que está subentendido que partiram

desta para outra vida, que os comentadores anteveem mais favorável a quem partiu. Dependendo da herança, sua partida é mais favorável a quem ficou. As origens da frase residem no bom trato despendido aos mortos, postos arrumadinhos nos caixões, com paletó abotoado. Como, porém, as mulheres passaram a usar roupas semelhantes às dos homens, também elas podem abotoar o paletó à triste hora de partida. A pergunta, entretanto, permanece: triste para quem? Sábios, os latinos cunharam outra frase: "Requiescat in pacem" (descanse em paz). E há um emblema para as cerimônias da morte, o *Requiem* (Descanso). Um dos mais célebres é o de Mozart.

BEIJA-ME COM OS BEIJOS DA TUA BOCA
Esta frase, inserida em diversos textos literários por escritores de muitos países, está num dos mais belos livros da Bíblia, *o Cântico dos cânticos*, esplêndido poema sobre o amor, da autoria de Salomão (970-931 a.C.), que, além de construir o famoso templo de Jerusalém, escreveu livros cheios de sabedoria, apaixonou-se, namorou e casou com cerca de mil mulheres, incluídas esposas e concubinas. Não apenas sua proclamada sabedoria, mas também seus amores tornaram-se lendários, como foi o caso daquele que viveu com a Rainha de Sabá. Salomão, fruto do amor arrebatado e dramático vivido pelo rei Davi (1015-975 a.C.) com uma mulher casada, Betsabeia, foi o terceiro rei de Israel.

CADA POVO TEM O GOVERNO QUE MERECE
Esta frase é proferida quando se quer falar mal do governo, atribuindo-se ao povo a má escolha. É de autoria do filósofo francês Joseph De Maistre (1753-1821), crítico da Revolução Francesa, inimigo das repúblicas e defensor das monarquias e do papa. Apesar de a frase ter servido sempre para vituperar todos os governos, os alvos preferidos são aqueles escolhidos por voto popular. Porém, nada se diz quando os eleitores mostram sabedoria nas votações. Assim, contrariando a máxima popular, o filho feio sempre tem por pai o próprio povo. No fundo, a crítica não é aos maus governos, mas aos responsáveis por sua elevação aos cargos.

CAIR NA GANDAIA
Cair na gandaia é variação de andar à e na gandaia e se aplica a quem leva vida de vadiagem, sem responsabilidades, viajando para muito longe, por muito tempo, sem dar explicações a ninguém. Pode ter havido influência da grafia equivocada de Catai, na Cochinchina, esta última com o significado de lugar muito distante. Catai passou a Gadai e daí a Gandaia. Viver na gandaia equivale a não trabalhar, entregar-se ao ócio. Gandaiar é também o ofício do trapeiro, segundo nos informa Raimundo Magalhães Júnior (1907-1981), que bisbilhota os lixos à procura de algo que lhe seja útil. Gandaia pode ter vindo do espanhol *gandaya*, derivação de *gandir*, comer. Os árabes, que ficaram sete séculos na Península Ibérica, têm o vocábulo *gandur*, peralta, travesso. Se o vocábulo é de origem controversa, a frase que o aproveita, entretanto, não deixa dúvidas sobre sua aplicação contemporânea: vive na gandaia quem não tem o que fazer. Às vezes, compulsoriamente, como ocorre aos desempregados, cujo número aumenta de forma preocupante nas ditas economias modernas.

CALENDAS GREGAS

O calendário é irmão da agricultura e da pecuária, surgidas no Neolítico (cerca de 10 mil anos a.C.). Quem inventou as palavras neolítico e paleolítico (em grego, pedra nova e pedra velha) foi o cientista britânico John Lubbock (1834-1913), o primeiro a rejeitar o critério bíblico para datar o mundo em apenas 6.000 anos, instituindo a Velha Idade da Pedra, Neolítico, e a Nova Idade da Pedra, Paleolítico. Néos, em grego, é novo, e palaiós, antigo. Os homens tinham aprendido a fazer ferramentas e passaram a viver em povoações ou aldeias próximas aos rios, de modo a terem água para si mesmos e para os animais que tinham domesticado, como a vaca, a camela e a cabra, que davam leite para eles e para as crianças; e o boi, o camelo e o cavalo, nos quais eles montavam ou aos quais adaptavam carroças e arados, para irem de um lugar a outro, transportarem mercadorias e lavrar a terra para o plantio. Os primeiros homens olharam para o Céu para organizar a vida na Terra. A agricultura, a pecuária e o calendário estão ligados ao poder, dado como de origem divina, a teocracia, em que a política é exercida por sacerdotes, intermediários da vontade dos deuses. Dois vestígios deste tempo quase imemorial são o papa e o calendário, chamado gregoriano, porque foi o papa Gregório XIII que, em 24/02/1582, decretou que naquele ano o dia seguinte a 4 de outubro fosse o dia 15. Aqueles dez dias também foram para as calendas gregas. Calendário veio do Latim *calendarium*, de *calaendae*, o primeiro dia de cada mês, palavra do mesmo étimo de calare, gritar, clamar, proclamar etc.. As calendas tinham este nome por designar o dia de pagar as contas. Se alguém esquecesse, os cobradores vinham gritar à porta. Autoridades religiosas e jurídicas convocavam a todos para nesse dia pagar as contas. No calendário, o dia e a noite são as medições mais antigas. Em segundo lugar vêm a semana e o mês, medidos pelas quatro fases da Lua. Em último, o ano, que mede o tempo (52 semanas, 12 meses) que a Terra leva para dar uma volta ao redor do Sol. Mas, como nos lembra Suetônio, o imperador Augusto (63 a.C.-14 d.C.), sabendo que os gregos não tinham *calendae*, quando prorrogavam as coisas dizia que tinham ficado para as calendas gregas, isto é, nunca. Porque os gregos tinham outros calendários, praticamente um para cada cidade-estado, e não tinham padronizado os pagamentos deste modo.

CHEGAR DE MÃOS ABANANDO

Os primeiros imigrantes deviam trazer as ferramentas indispensáveis ao cultivo da terra, entre as quais eram importantes a foice e o machado, para a derrubada das matas. Dos colonos europeus esperava-se que trouxessem também galinhas, porcos e vacas, bases de uma economia autossustentável. Quem chegasse, pois, de mãos abanando, não vinha disposto a trabalhar. Manter, pois, as mãos ocupadas eram sinal de disposição para o trabalho e ajuda mútua. O imigrante, que no dizer de Ambrose Bierce (1842-1914), é um indivíduo mal-informado, que pensa que um país é melhor que outro, não poderia chegar de mãos abanando.

CHERCHEZ LA FEMME
"Procurai a mulher", brada o policial na sétima cena do terceiro ato da peça de Alexandre Dumas, pai (1802-1870), *Os moicanos de Paris*, representada pela a primeira vez em 1864. Entre as 300 obras do famoso autor francês, as mais conhecidas são *Os três mosqueteiros*, *O conde de Monte Cristo* e *A Rainha Margot*. A frase tornou-se célebre em muitas línguas, sendo sempre pronunciada em francês, para indicar que em todos os assuntos é necessário verificar se não há nenhuma mulher envolvida. O escritor casou-se com uma atriz de segundo time e, para esclarecimento de muitos dos problemas que enfrentou, também é necessário *cherchez la femme*. A esposa e as outras, pois teve várias.

COBRA QUE PERDEU O VENENO
Aplica-se esta frase a pessoas iradas que, entretanto, nada podem fazer em situações de desespero. Nasceu de crendice popular de que as cobras, para não sucumbirem ao próprio veneno, depositam-no em folhas quando precisam tomar água. Ao voltarem dos riachos, algumas acabam esquecendo-se de onde o puseram, metendo-se como loucas à procura de peçonha temporariamente dispensada. O escritor maranhense Henrique Maximiano Coelho Neto (1864-1934), autor de mais de cem livros e um dos membros-fundadores da Academia Brasileira de Letras, registrou o adágio em sua peça *A muralha*, numa fala da personagem Ana que, incapaz de resistir ao jogo do bicho, comporta-se como cobra que perdeu o veneno.

COISAS DO ARCO DA VELHA
O arco-da-velha tem uma origem pagã e outra cristã, mas ambas designam o mesmo fenômeno: o arco-íris. No primeiro caso, os personagens principais são a deusa egípcia Ísis, que viajava linda e luminosa pelos céus com seu diáfano vestido de sete cores, e seu marido Osíris. O tecido era tão

belo que Cleópatra vestia-se como Ísis em suas aparições públicas, roupa que, entretanto, dispensou para apresentar-se ao imperador romano Júlio César, trocando-a por um tapete no qual veio enrolada nua para o primeiro encontro. O culto de Ísis estendeu-se a todo o mundo greco-romano antigo. Quando Osíris morreu, a viúva chorou tanto que suas lágrimas deram causa às cheias do rio Nilo. Mas, comovida, a deusa recorreu a secretas magias que somente ela conhecia e ressuscitou dentre os mortos o irmão com o qual se casara, iniciando vida nova e dando ensejo à bela metáfora dos ciclos agropecuários que dependem simultaneamente da terra e do céu para a fertilidade de homens e de animais, e para as plantações e colheitas. No segundo caso, a expressão arco-da-velha foi encurtada de Arco da Velha Aliança, e os personagens principais são Deus e Noé ao celebrarem um contrato logo após o dilúvio universal. Na verdade, Noé assina por adesão, subscrevendo a cláusula baixada por Deus em Gênesis 9,13: *"Ponho o meu arco nas nuvens para que ele seja o sinal da aliança"*. O trato era nunca mais destruir a Humanidade pela água. Naquela enchente catastrófica, até Matusalém, que chegara aos 969 anos, morreu afogado. Coisas do arco--da-velha são, pois, coisas muito antigas. Mas foram acrescidas de um mal-entendido com os verbos serrar e cerrar, e com os substantivos arca e arco, resultando em mudança que alterou o contexto da expressão no Português. Segundo nos informa De Castro Lopes em *Origem de anexins, prolóquios, locuções populares, siglas, etc.*, existiu antigamente em Portugal um folguedo conhecido por *Cerração da Velha*. Consistia em escolher uma anciã a quem a comunidade fosse hostil no vilarejo e trancá-la simbolicamente numa pipa, dorna ou tonel, fazendo uma algazarra em frente à casa em que ela morava. O recipiente fazia as vezes de arca. Todavia o verbo cerrar (fechar) foi ouvido como serrar (cortar com serra) e por isso a rapaziada serrava o recipiente ao som de uivos, marteladas, repiques, pandeiros, gaitas e tambores. Nem faltava, por certo, uma voz masculina em falsete simulando os gritos de dor da velha cortada ao meio. Outra variação na pronúncia, de arca para arco, mudou a arca da velha para arco da velha. E a expressão, misturando origens pagãs e cristãs, acrescidas de sadismo próprio a certos usos e costumes, de que é outro exemplo a malhação de Judas na noite da Sexta-feira santa, consolidou-se em Portugal, no Brasil e em outros domínios lusitanos, fazendo jus ao que Camões preconizara: *"Na quarta parte nova os campos ara/ E se mais mundo houvera, lá chegara"*. E a expressão pegou para sempre no Brasil para designar coisas muito antigas.

COLOCAR PANOS QUENTES
Significa disfarçar, acobertar ou favorecer o erro próprio ou alheio. Colocar panos quentes sobre membros doloridos é antiga receita caseira. Desde tempos imemoriais, os primeiros médicos, que eram os babeiros da localidade, caso não fosse caso de sangria, punham panos quentes, recomendados como paliativos, pela falta de outros recursos médicos. Compressas eram feitas com panos encharcados de água quente ou apenas morna e aplicadas nos enfermos como um santo remédio. Nos estados febris, o doente suava muito com os panos quentes e febre baixava.

COM A PULGA ATRÁS DA ORELHA
Durante séculos houve grande infestação de pulgas em todo o mundo. Inseto pequeno, mas irritante, sua picada doía, coçava, incomodava muito e transmitia doenças. Se picasse atrás da orelha, pior ainda: e a orelha era um dos lugares preferidos por ali jorrar com mais facilidade o sangue. O assunto que preocupasse muito passou a ser comparado a essa pulga atrás da orelha e terá se misturado com o que a pessoa ouviu e a deixou preocupada, como se o assunto fosse também uma espécie de pulga.

COM UMA MÃO SE LAVA A OUTRA
Esta frase resume preceitos de solidariedade, dando conta de que as ajudas devem ser mútuas. Foi originalmente registrada no parágrafo 45 do romance *Satyricon*, do escritor latino Tito Petrônio Arbiter (século primeiro a.C.), transposto para o cinema pelo famoso cineasta italiano Federico Fellini (1920-1994). Em síntese, o romance narra a história de um triângulo amoroso, envolvendo dois rapazes apaixonados por um terceiro, mas livro e filme põem em relevo a decadência dos costumes políticos. Tanto o romancista como o diretor criticam duramente a civilização ocidental, apesar dos 20 séculos que os separam, onde o que mais falta é justamente a solidariedade.

COM O NOME NA BOCA DO SAPO
Estar com o nome na boca do sapo é estar em mau momento. O pobre bicho sofre com as superstições pois a crueldade humana não tem limites e um dos modo de desejar o mal do semelhante consiste em colocar seu nome na boca do sapo e costurá-la. É claro que o animal morre depois de muito sofrimento. O sapo, pobre coitado, não ataca, sua defesa é passiva. Quem pisa sobre ele recebe o veneno que dali só sai espremido pelo agressor. É um animal anfíbio e vive na terra ou na água, tanto faz. Criatura admirável, mas

símbolo de feiura, está presente em muitas expressões populares, como esta, e pelo famoso dito de que às vezes temos de "engolir sapos". Há milênios os homens são comparados a animais com o fim de que se possa entender melhor a condição humana a partir da condição dos bichos. Desde tempos imemoriais, o sapo é tido como catalisador de energias negativas. Não faz mal ao ambiente. O ambiente é que lhe pode fazer mal. O escritor grego Esopo, que viveu entre os séculos VII e VI a.C., foi quem mais falou dos homens ao contar histórias de animais. Como a fábula da cegonha que aceitou o pedido do lobo e enfiou a cabeça na boca da fera para retirar-lhe um osso da garganta. Afinal, o lobo lhe dissera: "Saberei mostrar minha gratidão". Quando a ave pernalta concluiu o benefício, perguntou: "Qual será, então, a minha recompensa?". O lobo respondeu: "Você colocou a cabeça dentro da minha boca e eu não te devorei. Já estás recompensada". Esopo queria ensinar com suas fábulas, e a lição de vida que deu com esta é não esperar gratidão dos maus. O sapo é feio, mas é referência solar e personagem de vários poemas e narrativas. Os brasileiros foram acalentados por versos simpáticos e até mericordiosos de Sapo Cururu: *"Sapo Cururu/ Na beira do rio/ Quando o sapo grita, maninha/ É porque tem frio"*. A namorada do sapo tampouco é maltratada e pelo que se depreende, se não é bela, é recatada e do lar na canção infantil: *"A mulher do sapo,/ Que está lá dentro,/ Está fazendo renda, maninha,/ Para o casamento"*. O poeta Manuel Bandeira (1886-1968) aproveitou a figura consuetudinária do sapo para insurgir-se contra os parnasianos, tidos por inimigos dos modernistas: *"Enfunando os papos,/ Saem da penumbra,/ Aos pulos, os sapos,/A luz os deslumbra"*. O grande vate pernambucano até parecia falar de deputados, senadores, ministros e outras figuras públicas, muitas das quais por demais deslumbradas com a luz da mídia de uns tempos para cá. Ultimamente, os políticos que têm seus nomes na mídia acabam por levá-los também para a boca do sapo.

COMER MORTADELA E ARROTAR PERU
Esta frase, vituperando quem se gaba do que não é, não tem ou não faz, utiliza metáfora culinária que opõe comida de pobre, a mortadela, a prato de rico ou ao menos remediado, que pode comer peru, carne de melhor qualidade. Há também algumas variantes que utilizam outro tipo de comparações, como a de comer feijão e arrotar caviar, comer sardinha e arrotar pescado. A eructação pela boca dos gases do estômago, provindos de seus afazeres da digestão, é ansiosamente esperada pelas mães após a

administração da mamadeira, mas intolerada nos adultos por ferir regra de etiqueta. Em outras culturas, porém, arrotar à mesa do anfitrião indica gesto de delicadeza e apreço pelo prato que ele ofereceu.

COMO VAI VOCÊ?
Olá, oi, bom-dia, boa tarde, boa-noite são as formas mais comuns de cumprimento, às quais foi acrescentada com o correr do tempo a expressão como vai você. Ao pronunciarmos esta frase, demonstramos interesse por quem cumprimentamos. Quanto ao aperto de mãos nessas oportunidades, o costume remonta a tempos imemoriais. Quem saudava queria mostrar que estava desarmado, pois tinha livres as mãos, e por isso o gesto era de paz. Antônio Marcos e Roberto Carlos consagraram a expressão em música famosa, gravada também por vários outros cantores: "como vai você / que já modificou a minha vida/ razão de minha paz já esquecida/ não sei se gosto mais de mim ou de você".

CONVERSA MOLE PARA BOI DORMIR
Significando assunto sem importância, esta frase nasceu quando o boi era tão importante que dele só não se aproveitava o berro. Tratado quase como pessoa, com ele os pecuaristas conversavam, não, porém, para fazê-lo dormir. Nas touradas, quando o boi ainda é touro, até sua fúria compõe o espetáculo. Na Copa de 1950, o Brasil venceu a Espanha por 6 a 1 e quase 200 mil pessoas cantaram *Touradas em Madri*, de Carlos Alberto Ferreira Braga, o Braguinha ou João de Barro (1907-2006), que termina com estes versos: "Queria que eu tocasse castanholas e pegasse um touro a unha/caramba, caracoles/não me amoles/pro Brasil eu vou fugir/isso é conversa mole/para boi dormir".

COSTEANDO O ALAMBRADO
Quem tornou famosa esta frase na vida política brasileira foi Leonel Brizola, prefeito de Porto Alegre (1956-1958), governador do Rio Grande do Sul (1959-1963), deputado federal e, na volta do exílio pós-64, governador do Rio de Janeiro (1991-1994) e candidato derrotado à presidência da República em 1989, quando ficou em terceiro lugar, atrás de Fernando Collor de Mello (1949-) e de Luís Inácio Lula da Silva (1945-). A expressão passou a significar abandono, fuga ou traição do ideal – que Brizola pronunciava sempre "idial" – de um partido político, agremiação ou simplesmente grupo ou associação, quando um dos integrantes dava indícios de que estava deixando

os companheiros. A origem remota está na pecuária. Alambrado é a cerca – em geral de arame farpado, aliás – para fixar limites ou simplesmente rodear o gramado, pasto, potreiro ou qualquer outro lugar onde o gado é confinado. Quando uma rês começa a andar com insistência muito perto do alambrado dá mostras de que procura um modo de fugir. Alambrado, por sua vez, é palavra vinda do Espanhol *alambre*, que tem também *alambra*, ambas do Latim *aeramen*, arame. Mas que não se confunda *alambra* com *alhambra*. Esta última tem outra origem, o Árabe *al-hamra*, a vermelha. É por isso que o complexo aquitetônico erguido no século XIV em Granada é conhecido por *La Alhambra*: seus muros têm cor avermelhada.

CUSTAR OS OLHOS DA CARA
A história desta frase começa com um costume bárbaro de tempos muito antigos, que consistia em arrancar os olhos de governantes depostos, de prisioneiros de guerra e de indivíduos que, pela influência que detinham, ameaçavam a estabilidade dos novos ocupantes do poder. Cegos, eles seriam inofensivos ou menos perigosos. Naturalmente, a expressão alude também ao incomparável valor da visão. Por isso, pagar alguma coisa com a perda dos olhos passou a ser sinônimo de custo excessivo, que ninguém pode pagar. A expressão tem servido para designar preços exagerados em qualquer produto. Um dos primeiros a registrá-la foi o escritor romano Plauto (254-184 a.C.), numa das 130 peças de teatro que escreveu.

DAR UMA BANANA
Dar uma banana para alguém é frase não só pronunciada, mas seguida do gesto de apontar o cotovelo para o interlocutor. A frase é comum no Brasil, em Portugal, Espanha, França e Itália, com o mesmo significado de vingança, ofensa ou desabafo. Mas a banana na expressão é ingrediente do português falado no Brasil, já que as outras línguas não ilustram o gesto com frutas. Madame Pompadour (1721-1764) encomendou um quadro ao pintor francês Joseph-Marie Vien (1716-1809) intitulado *Le marchand d'amours* em que um dos amores aparece dando uma banana.

DAR UMA DE JOÃO-SEM-BRAÇO
Nome muito popular, João está presente em numerosas palavras e expressões de nossa língua, de que são exemplos joão-ninguém (indivíduo sem importância), joão-de-barro (pássaro), joão-correia (árvore), joão-grande (ave) e joão-teimoso (boneco feito de tal maneira que sempre volta à posição original quando empurrado). Às vezes, aparece disfarçado, como em joanete (deformação crônica de dedos do pé). Como fossem agricultores pobres e descalços a apresentar tal problema nos pés, foram tomados como joões. A denominação aproveitou ainda um termo náutico, pois joanete designa um dos mastaréus da gávea nos navios. João-sem-braço provavelmente surgiu de comentários de homens anônimos que alegassem nada poder fazer, quando solicitados a trabalhar, disfarçando a preguiça, pois ao nobre era dado o direito de não trabalhar, de manter os braços livres para nada fazer, a não ser dar ordens para que outros fizessem todos os trabalhos, estando os simples absolutamente impedidos de fazer a mesma coisa. Trabalhar a terra consolidou-se na herança cultural portuguesa como ignomínia, castigo imposto a quem não podia fazer mais nada, a não ser viver da lavoura.

De outra parte, os condenados tinham os braços amarrados e nada podiam fazer para evitar o suplício, fosse a forca ou a decapitação. Há ainda mais uma hipótese que vincula a expressão às Santas Casas de Misericórdia, curiosa e criativa forma que o Estado português inventou para deixar de tratar da saúde, atribuindo tal obrigação a ordens religiosas e a organizações civis sem custos para o erário. Como Portugal formou-se a partir de sucessivas guerras travadas em seu próprio território, eram muitos os feridos e aleijados que, por sua condição, estavam impedidos de trabalhar, os primeiros temporariamente, e os outros para o resto de suas vidas, em muitos casos. Simular não ter um ou os dois braços constituiu-se em escusa para fugir ao trabalho e a outras obrigações. Não demorou e a expressão "dar uma de joão-sem-braço" migrou para o rico, sutil e complexo reino da metáfora, aplicando-se a diversas situações em que a pessoa se omite, alegando razão insustentável.

DAS COISAS DA CASA CUIDE A MULHER

Esta frase, dando conta de que os trabalhos domésticos são incumbências exclusivamente femininas, tem suas origens remotas, mas houve um caso que a tornou ainda mais proverbial e famosa. Guilhaume Budé (1467-1540), um dos fundadores do *College de France,* onde ensinaram alguns dos maiores intelectuais do mundo nas diversas épocas, estava pesquisando etimologia quando irrompeu em seu escritório, todo esbaforido e aflito, um mensageiro de triste notícia: a casa do já célebre humanista francês tinha pegado fogo. Sem levantar os olhos dos manuscritos de grego, língua cujos estudos disseminou pela França toda, limitou-se a pronunciar esta frase. Mas nada restou depois do incêndio para a mulher cuidar.

DE BOAS INTENÇÕES O INFERNO ESTÁ CHEIO

Esta frase é de autoria de um famoso teólogo e santo francês, São Bernardo de Clairvaux (1090-1153). Muito místico, travou grandes polêmicas com o célebre namorado de Heloísa, o também teólogo e filósofo escolástico Pedro Abelardo (1079-1142). Conselheiro de reis e papas, São Bernardo pregou a Segunda Cruzada, destacando-se no combate àqueles que eram considerados hereges pó ousarem interpretar de modos plurais a ortodoxia católica. A frase foi brandida, não apenas contra seus desafetos, mas também a seus aliados, e tornou-se proverbial para denunciar que as boas intenções, além de não serem suficientes, podem levar a fins contrários aos esperados.

DE PEQUENINO É QUE SE TORCE O PEPINO
Quem, cultiva pepino e outras cucurbitáceas sabe que é preciso podá-las, com o fim de obter crescimento adequado. Do s pepino é preciso tirar certas protuberâncias que eles se desenvolvam melhor, do contrário os pepinos só desenvolvam ramas inúteis, deixando imprestáveis também os seus frutos. Por comparação, também é preciso moldar o caráter das crianças o mais cedo possível.

DEIXO A VIDA PARA ENTRAR NA HISTÓRIA
A celebridade desta frase deve-se à carta-testamento do presidente Getúlio Vargas (1883-1954), assinada momentos antes de suicidar-se, na madrugada de 24 de agosto de 1954, no Palácio do Catete, no Rio de janeiro. Um padre ainda o encontrou consciente e de olhos abertos. Antes de ocupar a Presidência da República por quase 20 anos, ele foi governador do Rio Grande do Sul, seu Estado natal. Um dos maiores estadistas brasileiros, foi sob seu governo que ocorreu a maior industrialização do Brasil. Logo depois de deposto a primeira vez, em 1945, candidatou-se a senador, conseguindo 17 por cento dos votos, recorde jamais alcançado por qualquer outro. No segundo mandato, cumpriu a frase profética.

DEPOIS DE MIM, O DILÚVIO
Esta frase é atribuída ora ao rei Luís XV, o Bem-Amado (1710-1774), ora à sua célebre amante, a marquesa de Pompadour (1721-1764), cujo nome era Antonieta de Poisson. A madame era onze anos mais velha do que o rei, discrepância de idade raramente encontrada entre pessoas de sua condição, que por norma amavam e amam homens mais velhos do que elas. O rei, que tinha um relacionamento problemático com os deputados, teria exclamado tal frase diante do parlamento francês, numa de suas notórias crises com o poder legislativo. Sua amante teria dito a mesma frase quando posava para um retrato que estava sendo feito por seu pintor preferido, entristecido pelas notícias de uma derrota sofrida pelo rei, que protegia a ambos. O dilúvio, porém, não veio nem depois dele, nem depois dela, nem depois de outros arrogantes que pronunciaram a mesma frase.

DEU DE MÃO BEIJADA
Com o significado de entrega espontânea, esta frase nasceu do rito empregado nas doações ao rei ou ao papa. Em cerimônias de beija-mão, os fiéis mais abastados faziam suas ofertas, que podiam ser de terras, prédios e

outras dádivas generosas. O papa Paulo IV (1476-1559), em documento de 1555, aludiu a esses meios regulares de provento sem ônus, dividindo-os em oblações ao pé do altar e de mão beijada. Desde então a frase tem sido aplicada para simbolizar favorecimentos. Nunca de mão beijada, em 1998 foi a sexta vez que o Brasil disputou a final de uma Copa do Mundo.

DEU UM NÓ
As origens desta frase provêm de Portugal e da Índia. Em Portugal, dar um nó era casar. E, como os vínculos do matrimônio católico, além de indissolúveis, eram e são perpétuos, quando se dizia que alguém tinha dado um nó se indicava que se havia casado. Na Índia era explícito, pois se costumava dar nó nas caudas das roupas da noiva e do noivo. Passou depois a indicar situação complicada, mas ainda como casar aparece em *As variedades de Proteu*, de Ântonio José da Silva, o Judeu (1705-1739): "E antes te aperte o nó do Himeneu/ do que na garganta te aperte outro nó".

DEUS ME DEFENDA DOS AMIGOS, QUE DOS INIMIGOS ME DEFENDO EU
Frase atribuída ao escritor e filósofo francês Voltaire, pseudônimo de François Marie Arquet. Teve desempenho brilhante nas célebres polêmicas do Século das Luzes, com suas ideias claras, temperadas por cáustica ironia, arma verbal que lhe rendeu muitos inimigos entre os obscurantistas, sendo obrigado a retirar-se de Paris após a publicação de seu livro *Cartas Filosóficas*, em 1734. Foi, porém, apoiado e acolhido pela escritora Madame de Châtelet (1706-1749), sua inspiradora e amiga, da qual Deus não precisou defendê-lo.

DINHEIRO NÃO TEM CHEIRO
A frase original foi pronunciada em latim, pelo imperador Vespasiano (9-79), cujo filho, Tito, estava inconformado com o novo imposto baixado pelo pai, que, para melhorar as finanças da antiga Roma, taxara os mictórios públicos. Logo nas primeiras arrecadações, Vespasiano tomou uma das moedas recolhidas nas privadas imperiais e pediu que o filho a cheirasse, dizendo: *non olet*, isto é, não tem cheiro. Vespasiano fez boa administração, recuperou a economia do império e entre seus feitos está também a construção do Coliseu. Mas, como todo administrador austero, incompatibilizou-se com os meios senatoriais.

DISCUTIR O SEXO DOS ANJOS
A origem desta frase situa-se no ano de 1453 durante a tomada de Constantinopla pelos turcos. O último soberano do Império Romano de Oriente, Constantino XI, comandava a resistência aos maometanos enquanto autoridades cristãs mantinham acaloradas discussões teológicas num concílio, uma das quais era se os anjos tinham ou não sexo. Não puderam chegar a uma conclusão. O imperador foi morto juntamente com milhares de cristãos e os novos conquistadores ali se estabeleceram sob as ordens de Maomé I. A cidade é conhecida também pelo nome de Bizâncio e Istambul. Daí dizer-se de uma discussão estéril que é bizantina. Já com a arte bizantina não acontece o mesmo. Marcada por simbolismos diversos e carregada de ornamentações, representa grande patrimônio cultural. Na arquitetura, seus dois exemplos mais famosos são as Catedrais de São Marcos, em Veneza, e a de Santa Sofia, em Istambul.

DIVIDIR PARA GOVERNAR
Esta é uma das recomendações do célebre político e historiador italiano Niccolò Machiavelli (1469-1527), mais conhecido entre nós por Maquiavel, donde o adjetivo maquiavélico para caracterizar algo sem ética, feito por quaisquer meios, visando-se apenas aos fins. Suas ideias sobre o poder estão mais bem expostas num livro clássico, *O príncipe*. Os conselhos aos governantes são de um cinismo espantoso. Esta frase desdobra-se em prescrições desconcertantes: aos subordinados não se pode permitir que se reunam, se conheçam e se amem. Seus outros livros incluem uma peça de teatro, *A mandrágora*, já encenada no Brasil.

DIZE-ME O QUE COMES E EU TE DIREI QUEM ÉS
Variação do preceito evangélico "dizes com quem andas e eu te direi quem és", esta frase famosa está presente em *A filosofia do gosto*, livro clássico do célebre gastrônomo Anthelme Brillat-Savarin (1755-1826) e faz parte dos 20 aforismos ali reunidos, os mandamentos de quem comer bem. Bom *gourmet* e bom *gourmand*, esse francês notabilizou-se por suas célebres tiradas a respeito do ato de comer. Entre outras prescrições, recomendou aos cozinheiros e aos visitantes a pontualidade e escreveu que convidar alguém para comer em nossa casa equivale a encarregar-se de sua felicidade. Sempre com verve, proclamou que mais vale para o gênero

humano a invenção de um novo prato do que o descobrimento de um novo astro.

DIZER AS COISAS EM ALTO E BOM SOM
Esta frase nasceu das dificuldades de comunicação em sociedade, principalmente no trabalho, nas lides políticas e em conversas de rua. Não se sabe quem a inventou, com o fim de deixar muito claro o que dizia, mas há um bom exemplo recolhido no célebre escritor, jornalista, orador, político e jurisconsulto brasileiro Rui Barbosa de Oliveira (1849-1923). Foi também vice-presidente da República e teve uma desastrada atuação como ministro da Fazenda. Redigiu nossa primeira constituição republicana, a de 1891. Esta frase está presente em célebre conferência que fez sobre o dever da imprensa de dizer a verdade em alta e bom som.

DOIS BICUDOS NÃO SE BEIJAM
Ao contrário do que possa parecer, o vocábulo não aplica às aves, mas aos homens. Antigamente eram chamados de bicudos tanto estiletes compridos e armas pontudas, como certos valentões que, nas bodegas, festas e ajuntamentos diversos, patrocinavam arruaças. Indivíduos de pouca conversa e gestos grosseiros, brigavam por qualquer coisa. O brasileiro, tido por cordial e afável no trato entre colegas e amigos, sempre se caracterizou por abraços, afagos, beijos e outras efusivas demonstrações de carinho. Daí o contraste de dois bicudos não se beijam, de que são exemplo célebres parcerias impossíveis como certos presidentes e vice-presidentes do Brasil, entre os quais Jânio Quadros (1917-1992) e João Goulart (1919-1976). O primeiro mandou o outro para a Cochinchina – oficialmente, seria China, mas conhecendo as intenções ocultas de Jânio, sabemos que ele queria o vice ainda mais longe – renunciou para ver que bicho dava. Deu o maior bode, como a História mostrou, resultando, por fim, na deposição do presidente que os militares não queriam empossar.

DOURAR A PÍLULA
Esta frase tem significado de se apresentar algo difícil ou desagradável como coisa fácil de aceitar. Nasceu de conhecida prática das farmácias antigas, que consistia em embrulhar as pílulas em finos papéis, com o fim de preparar psicologicamente o cliente para engolir um remédio de gosto amargo. Do sentido literal, passou a metáfora e logo recebeu aplicação literária, estando um de seus mais antigos registros na peça *Anfitrião*, de

Jean-Baptite Poquelin Molière (1622-1673), em que Sósia, na última cena do terceiro ato, diz: "o Senhor Júpiter sabe dourar a pílula". Dourar a pílula é ainda hoje tática sutil de persuadir renitentes, quando se procura destacar os aspectos positivos de algo desfavorável.

É A OVELHA NEGRA DA FAMÍLIA
A história desta frase nasceu do trabalho de pastoreio. Em todo rebanho sempre existe aquele animal de trato difícil, insubmisso, que não acompanha os outros. Está-se cuidando das ovelhas, protegendo-as dos lobos, providenciando-lhes os melhores pastos, e de repente uma delas se desgarra. Essa é a ovelha negra. Por metáfora, a frase passou a ser explicada nas famílias ou em outras comunidades aos filhos ou afilhados que não têm bom comportamento. Na *Ilíada*, Homero (século VI a.C.) relata o sacrifício de uma ovelha negra como garantia do pacto celebrado entre Páris e Menelau, que resultou na Guerra de Tróia. Mas ela não foi punida por mau comportamento. Como tantas ovelhas negras, ela era inocente.

É DE TIRAR O CHAPÉU
Foi no reinado de Luís XIV (1638-1715), o Rei Sol, que a França disciplinou as saudações feitas com o chapéu. O costume vinha dos tempos da mais parda das eminências, o cardeal Richelieu, à época de Luís XIII (1601-1643). Os cumprimentos podiam ser feitos com um toque na aba; erguendo-o um pouco, sem retirá-lo da cabeça; tirando-o inteiramente ou fazendo-o roçar o chão, quase como uma vassoura, tudo dependendo da importância social de quem era saudado. Como se sabe, os Luíses XIII e XIV foram reis que se preocuparam muito com chapéus. Logo depois, um dos mais famosos da sequência, Luís XVI, perdeu muito mais do que o chapéu: a própria cabeça, na Revolução Francesa.

É DO TEMPO DO ONÇA
Foi governador do Rio de Janeiro, de 1725 a 1732, o capitão Luís Vahia Monteiro (1660-1732), apelidado Onça. Em carta que escreveu ao rei Dom

João VI, declarou: "nesta terra todos roubam, só eu não roubo". A frase acima foi sempre utilizada para aludir a coisas muito antigas, vigentes naquele tempo. Entretanto, outras autoridades, com o mesmo apelido, podem ter fomentado ainda mais a expressão, homenageando a energia, a coragem e a honestidade do antigo governante. Os novos tempos, infelizmente, não tornaram exceção aquilo que era norma nas práticas dos governantes no tempo do Onça. O pobre homem, a deduzir por sua carta ao rei português, comportava-se como uma virgem num bordel.

E EU ESTOU POR ACASO NUM LEITO DE ROSAS?
Cuauhtémoc, também grafado Guatimozín (1497-1524), foi o último imperador dos astecas. Seu tio havia derrotado o conquistador espanhol Hernán Cortés (1485-1547) na famosa Noite Triste. O derrotado, porém, reuniu as tribos descontentes com o domínio asteca e, à frente delas e de um pequeno grupo de espanhóis, venceu definitivamente o inimigo, conquistando o México. Informado de que o soberano guardava grandes tesouros em seu palácio, submeteu-o e a um de seus ministros à tortura pelo fogo. Os dois se recusaram a falar e, quando o ministro se queixou ao imperador das dores das labaredas, este pronunciou a frase que ficaria famosa. Três anos mais tarde, o heroico soberano foi enforcado, acusado de conspirar contra os espanhóis.

E EU SOU BESTA?
A história desta frase remonta a uma expressão dos aldeões medievais portugueses e um dos primeiros a registrá-la foi Gil Vicente (1465-1536), no *Auto da festa*, num diálogo em que uma personagem pergunta: "e eu ficarei por besta?" O significado é em geral de recusa diante de ato que não se deve praticar. O grande dramaturgo tornou-se famoso, porém, por outras peças e autos, entre os quais os mais conhecidos compõem uma trilogia religiosa: *Barca do inferno*, *Barca do purgatório*, *Barca da glória*. Ao todo, escreveu 44 peças. Como todo escritor daquele período, apesar da copiosa produção, não viveu de seu ofício. Foi ourives da Corte e funcionário da Casa da Moeda de Lisboa, formas disfarçadas de a Casa Real portuguesa exercer o mecenato.

É FEIO COMO QUASÍMODO!
Diz-se de pessoa muito feia, em geral com deformações físicas. A frase apareceu originalmente no livro *Notre Dame de Paris*, do famoso escritor francês Victor Hugo (1802-1885), em que se destaca o personagem

Quasímodo, corcunda, de pernas tortas, vesgo e de rosto deformado, sineiro da catedral referida no título do romance e apaixonado pela cigana Esmeralda. Em muitas traduções e também no cinema a título foi adaptado para *O corcunda de Notre Dame*, cuja versão em desenho animado fez muito sucesso. Tal foi a influência do romance que a expressão Quasímodo tem sido menos usada em seu significado anterior, que designava o primeiro domingo depois da Páscoa.

É GENTE DE MEIA-TIGELA

Em Portugal, nos tempos monárquicos, havia vários tipos de nobreza, entre os quais ganhavam destaque a nobreza territorial e a título. Habitavam os palácios, porém, diversos rapazes que, dados os serviços domésticos que executavam para autoridades, tinham direito a rações, prescritas no *Livro da cozinha del rei*, diligenciada pelo veador, supervisor do mordomo-mor. Tão logo chegaram à corte para trabalhar, moços vindos do interior eram tratados com desprezo pelos que já moravam no palácio. Não tendo direito ainda a moradia, recebiam apenas alimentação e por isso eram tratados com ironia pelos mais antigos como fidalgos de meia-tigela. Fidalgos de meia-tigela jamais quebrariam a tigela, não porque somente dispusessem da metade dela, mas porque apenas os grandes fidalgos podiam quebrar a tigela por ocasião de ritos importantes.

É MAIS FÁCIL ENGANAR A MULTIDÃO DO QUE UM HOMEM SÓ

Esta frase, de proverbial sabedoria, foi escrita por Heródoto (484-420 a.C.), o Pai da História. Poucos historiadores modernos têm a graça de seu estilo, marcado pelos relatos de acontecimentos e lendas que põem em contraste a civilização grega e os bárbaros – egípcios, medos e persas. A frase deve ter-lhe brotado das muitas observações que fez entre esses povos, constatando como os grandes generais, usando a espada e a retórica, submetiam cidades inteiras, mas expunham sua fraqueza num simples diálogo com um filósofo.

É MAIS FÁCIL UM CAMELO PASSAR PELO FUNDO DE UMA AGULHA DO QUE UM RICO ENTRAR NO CÉU

Os milionários, antes de serem procurados pelo imposto de Renda, foram objeto de numerosas frases, algumas lapidares. Dentre as mais célebres, estão estas de Jesus, segundo o relato do *Evangelho de São Mateus* (século primeiro), que era cobrador de impostos. Pode ter havido engano de tradução, já que *kamelos* em gregos tanto pode significar o animal como a âncora para amarrá-lo. Havia ainda em Jerusalém uma porta muito estreita chamada *o olho da agulha*, que poderia ter sido a referência de Jesus. Doutores bíblicos explicaram estas frases e deram a entender que era difícil a operação, mas não impossível, posto que poderia ser desfiada.

É POSSÍVEL MEDIR A INTELIGÊNCIA

Jamais ocorreu aos antigos medir a inteligência das pessoas, pois seus atos e falas logo desmanchavam reputações ou confirmavam suspeitas. Mas a partir desta frase, baseada nas teorias do psicólogo francês Alfred Binet (1857-1911), que montou um laboratório experimental em Paris onde passou a medir as aptidões das crianças, com vistas a melhor atendê-las na escola, uma obsessão por medir a inteligência tomou conta do mundo. E logo surgiram grandes enganos, sobretudo nos Estados Unidos, onde pesquisadores irresponsáveis passaram a medir o Q.I. (quociente intelectual) de vivos e mortos. Miguel de Cervantes Saavedra (1547-1616) recebeu apenas 105, numa escala de 160, ficando próximo a anônimos débeis mentais.

É SEU BATISMO DE FOGO

Ao condenar os hereges às fogueiras, a Inquisição sustentava que eles, não tendo sido batizados com água benta, faziam ali seu batismo de fogo. E aqueles que os condenavam ainda garantiam que os réus estavam fazendo um bom negócio, ao trocar as labaredas eternas do inferno por chamuscadas que apenas os levariam desta vida. Porém, a frase mudou de sentido no século passado, quando Napoleão III (1808-1873) adaptou-a aos que entravam em combate pela primeira vez. Hoje, a expressão se refere a qualquer situação crítica em que os envolvidos têm de obter bom desempenho em tarefas importantes. Mário Vargas Llosa tem um livro com título *Batismo de fogo*.

É UM ELEFANTE BRANCO

Esta frase tem servido para designar grandes empresas estatais deficitárias. Sua origem é um costume do antigo reino de Sião, situado na atual Tailândia, que consistia no gesto do rei de dar um elefante branco aos cortesãos que caíam em desgraça. Sendo um animal sagrado, não poderia ser vendido. Matá-lo, então, nem pensar. Não podendo também ser recusado, restava ao infeliz agraciado alimentá-lo, acomodá-lo e ajaezá-lo com luxo, sem nada obter de todos esses cuidados e despesas. A frase foi utilizada pelo ex-presidente João Figueiredo para queixar-se dos excessivos gastos, não de uma estatal, mas de seu sítio do Dragão.

É UM NÓ GÓRDIO
Quando se quer referir uma extraordinária dificuldade em determinada questão, diz-se que se trata nó górdio do assunto. A história desta frase remonta aos tempos de Alexandre, o Grande (356-323 a.C.), senhor de um império que incluía quase o mundo inteiro. Segundo a lenda, quem desatasse o nó com que estava atada a canga ao cabeçalho de um carro feito por um camponês frígio dominaria o Oriente. O carro estava no templo de Zeus. Do nó, feito com perfeição, não se viam as portas. Alexandre tentou desamarrar e, não conseguindo, cortou-o com a espada. E desde então esse gesto tem servido de metáfora para designar ações ousadas para resolver problemas. Mas dar um nó já designou também outras realidades. Em Portugal, dar um nó era casar. E, como os vínculos do matrimônio católico, além de indissolúveis, eram e são perpétuos, quando se dizia que alguém tinha dado um nó, era indicação de que tinha casado. Na Índia não era metafórico, era literal. Era costume dar um nó na cauda das roupas da noiva e do noivo. Passou depois a indicar situação complicada, mas ainda como casar aparece em *As variedades de Proteu*, de Antonio José da Silva, o Judeu (1705-1739), escritor brasileiro de apenas 34 anos, executado em Lisboa no garrote vil e depois queimado, enquanto a algumas quadras dali estava em cartaz uma peça de sua autoria. O trecho diz: "E antes te aperte o nó do Himeneu/ do que na garganta te aperte outro nó". Ele teve premonição da tragédia que o vitimou". Não chamem políticos supersticiosos para a tarefa. Tancredo Neves, quando viajava pela Índia, ao receber de presente um elefante de jade, ouviu o conselho de desfazer-se da oferenda porque o bicho estava com a tromba virada para baixo e isso dava azar. Ele, sem que o indigitado transeunte entendesse o gesto, deu a estatueta ao primeiro que encontrou. Todos sabem o que lhe aconteceu: morreu na véspera de assumir a presidência da República.

É UM PEQUENO PASSO PARA O HOMEM, MAS UM PASSO GIGANTESCO PARA A HUMANIDADE
Neil Armstrong (1930-2012) disse esta frase famosa ao descer no mar da Tranquilidade e tornar-se o primeiro homem a caminhar na superfície da Lua. Eram 5h56min56s do dia 21 de julho de 1969 e o mundo inteiro estava de olho na televisão, que transmitia ao vivo. O segundo homem a pisar na Lua, acompanhando o comandante do módulo Eagle (águia, em inglês) foi Edwin Aldrin Jr. (1930-). Enquanto isso, na nave-mãe, a Apollo 11, o terceiro deles, Michael Collins (1930-), tornou-se o mais solitário dos

homens, pois, quando estava do lado escuro da Lua, ficava sem comunicação nenhuma: nem com os dois do módulo, nem com o resto da humanidade aqui embaixo. Os três tinham a mesma idade: 39 anos.

É UM PÉ-RAPADO
No Brasil colonial, pés-rapados eram os trabalhadores que produziam riqueza na lavoura e nas minas. Com seu trabalho, o rei português Dom João V (1689-1750) enchia as burras monárquicas de ouro e diamantes vindos do Brasil. Gastou fortunas em doações a ordens religiosas e foi gigantesco o esbanjamento que garantiu a vida luxuosa da corte, a ponto de o seu reino tornar-se a maior nação importadora européia. Mas erigiu também museus, hospitais e a Casa da Moeda, além de providenciar a canalização do rio Tejo. Tudo pago pelos pés-rapados brasileiros.

ELE SÓ PENSA NAQUILO
Esta frase ilustra a obsessão no mais alto grau por determinado assunto, pessoa, sentimento. Entretanto, consagrou-se no Brasil com um tempero licencioso, consolidado em programa de televisão do jornalista, ator, humorista e escritor Francisco Anísio de Oliveira Paula Filho, mais conhecido com Chico Anísio (1931-2012). 'Aquilo' funciona no português coloquial como eufemismo, suavizando palavra ou expressão ao substituí-las por outras mais polidas. A frase ficou ainda mais famosa, porém, como divertido bordão, repetido a cada programa da *Escolinha do professor Raimundo* pela a atriz Zezé Macedo (1916-1999). E logo a frase caiu no gosto popular. À semelhança de outros bordões, foi incorporado ao nosso patrimônio de frases célebres.

ELEMENTAR, MEU CARO WATSON
Com esta frase, Sherlock Holmes, o famoso personagem literário do escritor britânico Arthur Conan Doyle (1859-1930), coroa suas deduções, baseadas numa lógica implacável. E o doutor Watson rende-se admirado à inteligência do amigo. Alguns já viram na parceria dos rios uma vaga sombra daquelas sexualidades tidas por heréticas ou ilegítimas, tão vituperadas por aqueles que só pensam naquilo. Outros não têm a menor dúvida de que aqueles dois faziam de tudo, convicto de que, em assunto de sexo, onde há fumaça, há, mais que fogo, grandes labaredas, incêndios, vulcões. Uma curiosidade, porém, marca a frase famosa. Ela não aparece nos livros, apenas nas adaptações teatrais, cinematográficas, televisivas. O mesmo se pode dizer da

indumentária do famoso detetive, criada quando ele chegou ao teatro e às telas. Como se pode conferir isso? Elementar, meu caro leitor: nos romances policiais e nos contos do autor.

ELES QUE SÃO BRANCOS, QUE SE ENTENDAM
A origem desta frase remonta a uma das primeiras punições que o racismo sofreu no Brasil, ainda no século XVIII. Um capitão do regimento dos pardos queixou-se a seu superior, um português, solicitando punição a um soldado que o desrespeitara. Ouviu em resposta: "vocês que são pardos, que se entendam". O capitão, inconformado, recorreu à instância superior, o décimo segundo vice-rei do Brasil, Dom Luís de Vasconcelos (1742-1807). Este, depois de confirmar o ocorrido, mandou prender o oficial português, que estranhou: "preso, eu? E por quê? Nós somos brancos, cá nos entendemos", respondeu o vice-rei. Desde então, tornou-se frase feita, dita de outra forma pelo povo. E está registrada em *Locuções tradicionais do Brasil*, de Luís da Câmara Cascudo (1898-1986).

EM SE PLANTANDO, TUDO DÁ
Frase atribuída a Pero Vaz de Caminha (1450-1500), em sua famosa Carta, comentando as excelências da nova terra recém-descoberta. O minucioso escrivão tinha, porém, um estilo menos sintético e emitiu o mesmo juízo em outras palavras: "Querendo-a aproveitar, dar-se-á nela tudo". Apesar de sua importância, também foi adiada a publicação da certidão de nascimento do Brasil, que só apareceu em 1817. Nela são postas em relevo as belezas naturais e a inocência dos índios, cuja evangelização ele indicou como a tarefa principal de um rei cristão. A frase, porém, permaneceu na memória popular, não com o contorno original dado por Caminha, mas na forma que a tradição consagrou. Ainda que reconhecida como atividade para a qual tudo lhe era favorável – terra, irrigação, clima, vegetação etc – a agricultura foi ali evitada pela primeira vez. Havia outros interesses. O próprio Caminha termina sua Carta pedindo emprego público ao genro, eximindo-o de trabalhar a terra, ofício considerado indigno de nobres no século XVI.

EM TERRA DE CEGO, QUEM TEM UM OLHO É REI
Esta frase, que não é exclusiva da língua portuguesa, dá ideia de que entre gente ignara, quem é só um pouquinho menos ignorante do que os outros ganha prestígio e recebe tratamento de rei. O filósofo e humanista holandês

Desiderius Erasmus, dito Erasmo de Roterdam (1469-1536), foi um dos primeiros a registrá-la. Sua obra mais famosa é *Elogio da loucura*, em que tenta definir um humanismo cristão, desligado de polêmicas religiosas. Um dos principais nomes da Renascença na Europa do Norte, foi um dos primeiros editores do Novo Testamento. Destacou-se, não em terra de cego, mas em meio a uma constelação de outros renomados filósofos e teólogos do período.

ENTRAR COM O PÉ DIREITO
Esta frase revela antiga superstição que o Império Romano espalhou no mundo inteiro. Nas festas realizadas na antiga Roma os convidados eram avisados de que deveriam entrar nos salões *dextro* pede (com o pé direito) para evitar o agouro. Famosas personalidades brasileiras seguiram essa recomendação, entre as quais Rui Barbosa (1849-1923), que registrou em discurso proferido às vésperas da posse do marechal Hermes da Fonseca (1855-1923): "que o novo presidente entre com o pé direito". Mas ninguém acatou mais a superstição que Alberto Santos Dumont (1873-1932), que mandou construir em sua residência escadas por onde só era possível subir ou descer iniciando-se o percurso com o pé direito.

ENVELHEÇAM DEPRESSA ANTES QUE SEJA TARDE
O dramaturgo Nelson Rodrigues (1912-1980), pioneiro do moderno teatro brasileiro, foi também um grande frasista. Ousado e desconcertante, incrustava frases geniais e polêmicas tanto nas peças como as crônicas. Na elaboração dessas verdadeiras pérolas, cultivava o paradoxo, como exemplo acima, dirigido aos jovens. Nos diálogos de seus textos, são freqüentes os recortes psicológicos da condição humana sintetizados numa frase que marca a fala do personagem de forma memorável, quase sempre como contraponto bem-humorado à crueza das ações.

EROS, AMARGO E DOCE, É INVENCÍVEL
Esta frase, constantemente citada, foi extraída de um verso de célebre poetisa grega Safo (625-580 a.C.), que vivia em Lesbos, de onde se originou o vocábulo lesbianismo para designar a homossexualidade feminina, dada a figura lendária da mais notável habitante daquela ilha. Muito antes de psicólogos, psicanalistas, sexólogos, a literatura reconheceu as forças arrebatadoras e inconscientes do desejo, moldadas nas mais diversas contradições, tal como

se pode ver na frase famosa. Precursora das lutas femininas, Safo, que na verdade era bissexual, casou-se e teve uma filha, a quem comparou a um ramalhete de crisântemos. Como eram nove as musas, Platão (428-348 a.C.) escreveu que ela era a décima.

ERRAR É HUMANO
Frase do escritor latino Sêneca (4 a.C.-65d.C.), o filósofo preceptor do imperador Nero. Sêneca foi bom professor, mas seu aluno desvairado decretou-lhe morte das mais cruéis, ordenando que cortasse os próprios pulsos. O filósofo escreveu diversos livros, entre diálogos, tratados e cartas, e seus ensinamentos estavam baseados na doutrina dos estoicos. São-lhe atribuídas a autoria de obras célebres como *Medeia*, *As troianas* e *Fedra*. Teólogos cristãos, quando citam a frase, costumam emendá-la, escrevendo: *"errare humanum est, sed perseverare in errore autem diabolicum"*. "Errar é humano, mas perseverar no erro é diabólico".

ERRO CRASSO
Esta frase nasceu de um erro militar de um dos três integrantes do primeiro triunvirato a governar Roma, constituído pelos generais Caio Júlio César (100-44 a. C.), Pompeu (106-48 a. C.) e Crasso (114-53 a. C.). Coube a Crasso chefiar uma expedição militar contra os Partos. Excessivamente confiante na vitória, ele desprezou as clássicas formações das forças romanas e escolheu um caminho estreito e de pouca visibilidade. Como raramente ocorria ao exército romano, os partos, mesmo em menor número, venceram as forças de Crasso, que inclusive foi morto na batalha. A frase consolidou-se desde então e passou a ser aplicada a alguém que, tendo tudo para acertar, acaba errando por cometer um erro estúpido, semelhante àquele cometido por Crasso, um erro crasso.

ESPÍRITO DE PORCO
Ao tempo do Brasil colonial os escravos faziam o possível e o impossível para não serem eles a executar os porcos domésticos, que representavam, ao lado de carnes de aves e de gado, a principal fonte de proteína. Eles acreditavam que o encarregado da tarefa tinha o corpo tomado pelo espírito do porco, que viria assombrá-los. E nos seguintes ao ato de carnear o animal o escravo era olhado com desconfiança pelos companheiros, que viam em qualquer gesto seu o espírito do porco atuando.

ESTÁ PIORANDO MENOS
Quando na década de 80 o então presidente José Sarney (1930-), atual presidente do Senado, lançou o Plano Cruzado, que tinha o fim de combater a inflação e estabilizar a economia, um cidadão de Curitiba, uma das cidades brasileiras que mais conciliam avanços e atrasos igualmente consideráveis em diversos setores, postou-se à frente de um supermercado que praticava preços abusivos e, num ato espontâneo, sentiu-se encorajado a fechá-lo, fazendo-o "em nome do presidente Sarney". Pouco tempo depois, outro cidadão, igualmente de Curitiba, à pergunta se a situação tinha melhorado, vacilou, tremeu os lábios, gaguejou um pouco e disse, por fim: "está piorando menos".

ESTAR COM O DIABO NO CORPO
O diabo tem sido ao longo de milênios o principal responsável por certos atos que os homens perpetram, mas não querem assumir. O mais comum me que tais práticas estejam no terreno da luxúria, do sexo e de seus domínios conexos. Vários foram os que registraram a frase, entre os quais o talentoso escritor francês, morto aos 23 anos, Raymond Radiguet (1903--1923), que deu este título a um de seus romances em que um adolescente exerce atração sobre uma esposa adúltera. Também Joaquim José da França Júnior (1838-1890) registrou a frase na comédia *Direito por linhas tortas*, só que com outro resultado: "com o diabo no corpo, Sinhá Velha caiu de bordoada em cima de mim".

ESTAR COM O REI NA BARRIGA
No tempo dos reis, a rainha, quando grávida, poderia estar com o rei na barriga. E a barrigudinha real fazia jus a um tratamento repleto de delicadezas. Tornava-se, talvez, por isso mesmo, manhosa e cheia de exigências, afinal ia aumentar a prole da Casa Real e providenciar o sucessor. A expressão veio a designar a pessoa arrogante, mesmo do sexo masculino.

EU ACUSO
Esta frase célebre, tantas vezes citada, nasceu no dia 13 de janeiro de 1898, quando o escritor francês Émile Zola (1840-1902) publicou uma famosa carta no jornal *L'Aurore*, dirigida ao então presidente da França, desmascarando o falso julgamento militar que havia sido imposto ao oficial Alfred Dreyfrus (1859-1935), acusado de alta traição, mas na verdade condenado por ser judeu. Começava com a frase "Eu acuso" repetida em todos os parágrafos.

Corajoso, o escritor acusava altas autoridades civis e militares, dando nomes e sobrenomes. Processado e condenado, o romancista refugiou-se na Inglaterra. Mas o caso Dreyfus foi reaberto e em 1906 o oficial foi considerado inocente e reintegrado ao Exército francês. O escritor, porém, tinha falecido em 1902.

EU NÃO SOU MINISTRO, EU ESTOU MINISTRO
Estas frases foram pronunciadas pelo professor universitário, crítico, ensaísta e editor Eduardo Matos Portela (1932-2017), em 1981, quando era – ou melhor, estava – ministro da Educação e Cultura, no governo de João Baptista de Oliveira Figueiredo, o último presidente militar. Tão logo fez a preciosa distinção entre os verbos ser e estar, deixou o ministério, voltando para suas lides literárias. É autor de vários livros importantes para a compreensão de nossa literatura e de suas relações com a sociedade, entre os quais *Literatura e realidade nacional* e *Crítica literária: método e ideologia*. Foi eleito para a Academia Brasileira de Letras em 1981.

EU QUERO FICAR SOZINHA
A atriz sueca Greta Garbo (1905-1990) resolveu que seria mais feliz sozinha e fez este período de forma antológica com esta frase, retirando-se de cena aos 36 anos. Umas das mulheres mais admiradas e desejadas do mundo nasceu pobre e foi vendedora de loja e modelo antes de tornar-se atriz na Real Escola Dramática de Estocolmo. Aqueles que a conheceram sempre admitiram que era mais bonita nas fotos e no cinema do que na vida real. Ao retirar-se, produziu duas solidões: a sua e a dos que ficaram sem ela. A frase que virou provérbio foi pronunciada originalmente em inglês: *I want to be alone.*

FAÇAM O QUE EU DIGO, MAS NÃO FAÇAM O QUE EU FAÇO
Um dos mais antigos registros desta frase encontra-se no *Evangelho de São Mateus*, no capítulo 23, versículo 3, mas com uma variação: "façam tudo o que eles dizem, mas não façam o que eles fazem, porque eles dizem o que se deve fazer, mas não fazem". Por motivos de rima, a frase recebeu ainda um personagem imaginário: "Frei Tomás, façam o que ele diz, mas não façam o que ele faz". Antes destes registros, porém, quando ainda não havia frades e santos, nem neste mundo, nem no outro, o comediógrafo e poeta romano Plauto (254-184 a.C.), a quem foi atribuída a autoria de 130 peças de teatro, aconselhou no terceiro ato, na cena III, de sua peça *Asinária*: "pratica aquilo que pregas".

FALAI BAIXO, SE FALAIS DE AMOR
A frase é um conselho do célebre dramaturgo e poeta inglês William Shakespeare (1564-1616), que se casou aos 19 anos, abandonou o lar e passou a dedicar-se ao teatro. Alguns dizem que ele nunca existiu, sendo uma invenção histórica sobre a qual muitos estão de acordo. A existência de sua obra, porém, é fácil de ser comprovada em muitos lugares do mundo, em diversas línguas e vários palcos, onde vem sendo encenada há quatro séculos. Suas peças apresentam uma variedade impressionante de personagens e temas, com destaque para o amor e a política, quase sempre entrelaçados.

FALAR PELOS COTOVELOS
Esta frase significa 'falar demais'. Tem origem nos gostos de faladores contumazes, que procuram tocar os interlocutores com os cotovelos em busca de maior atenção. O primeiro a registrar a expressão foi o escritor latino Horácio (65-8 a.C.), numa de suas sátiras. O folclorista brasileiro Luís de

Câmara Cascudo (1898-1986) referiu-se ao costume das esposas no sertão nordestino de cutucar os maridos à noite, no leito conjugal, buscando reconciliação depois de algumas briga diurna. Entre os estadistas, quem mais falava pelos cotovelos é o presidente de Cuba, Fidel Castro (1926-2016), cujo nome completo era Fidel Alejandro Castro Ruz.

FAZER FIASCO

Fazer fiasco é frase que nasceu nos meios teatrais italianos e originalmente foi grafada *far fiasco*, cuja tradução literal é fazer fiasco. Tudo teria começado quando um comediante meteu-se a fazer graça e volteios risíveis utilizando uma garrafa – *fiasco*, em italiano. Tendo sido malsucedido, dali em diante certos fracassos cotidianos passaram a ser identificados com esta frase. No Brasil a frase foi traduzida literalmente, e também na França, *faire fiasco*, mas lá com uma variante: *faire un four*. O escritor francês, nascido na Suíça, Henry Sthendal (1783-1842) foi um dos primeiros a registrá-la, usando a forma italiana.

FAZER TEMPESTADE EM COPO D'ÁGUA

Com o significado de aumentar descabidamente a importância de eventuais incidentes nas relações pessoais, esta frase, de raízes antigas, tem sido dita e escrita muitas vezes nesses tempos em que os debates vão ficando cada vez mais acalorados, dada a relevância das questões em exame, de que são bons exemplos os assuntos tratados nas sessões da Câmara dos Deputados do Senado. Entre os autores que mais cedo a registraram está o escritor francês Victor Hugo (1802-1885), que acrescentou algumas variações, como a de fazer tempestade dentro de um crânio, subtítulo do romance *Os miseráveis*, e "fazer tempestade no fundo de um tinteiro", numa de suas poesias.

FAZER UMA MESA REDONDA

Hoje é comum organizar mesa-redonda para discutir esse ou aquele assunto, mas raramente o móvel ao redor do qual os participantes tomam assento tem a forma circular. É tradução da expressão inglesa *round table*, mesa da lendária corte do rei Artur (séc. VI d.C.), que não tinha cabeceira, nem lugar de honra e ao redor da qual o rei e os cavaleiros sentavam-se como iguais. Suas aventuras foram tema de numerosas novelas de cavalaria narradas sob o título geral de *Os cavaleiros da Távora redonda*. A frase passou a ser usada politicamente a partir de 14 de janeiro de 1887 na residência de Sir William Harcourt, quando o Partido Liberal Inglês discutiu a questão irlandesa.

FICAR A VER NAVIOS

Esta frase remonta ao desaparecimento do rei de Portugal, Dom Sebastião (1554-1578), na famosa batalha de Alcácer Quibir. Como o corpo do monarca não foi encontrado, criou-se a lenda de que ele se encantou e que um dia voltaria, dando origem ao movimento messiânico conhecido como sebastianismo. Multidões passaram a frequentar o Alto de Santa Catarina, em Lisboa, aguardando a volta do rei e por isso ficavam a ver navios. Passou a ser aplicada a quem perdeu o emprego ou está esperando por alguma coisa que jamais chegará, sendo utilizada também com frequência para indicar situação em que alguém, por não comparecer ao encontro, deixou o outro a ver navios.

FOI O MAIOR ARRANCA-RABO

Esta frase, que exprime grande confusão, nasceu do deplorável costume que os primeiros guerreiros adotaram nos campos de batalha, consistindo em cortar os rabos das montarias dos inimigos. Um oficial do exército do faraó Tutmés III (1504-1450 a.C.) ensejou um de seus primeiros registros ao vangloriar-se de ter decepado a cauda do cavalo do próprio rei adversário, para ele um ato tão importante que inscreveu em seu epitáfio. O costume chegou a Portugal, de onde veio para o Brasil, tendo sido aplicado não somente aos cavalos, mas também ao gado das fazendas inimigas, para humilhar seus proprietários. O escritor José Lins do Rego (1901-1957) refere-se ao costume nos livros *Fogo morto* e *Meus verdes anos*.

FOI UMA BATALHA DE TRÊS REIS

Significando luta descomunal, esta frase surgiu após a derrota dos portugueses em Alcácer-Quibir, origem do sebastianismo. A famosa batalha foi travada no dia 4 de agosto de 1578 e nela os mouros perderam seus dois maiores comandantes: o sultão de Marrocos, Abde Almélique, e o mulei Mohamente Almoutauaquil. O terrível combate durou apenas quatro horas e nele morreram cerca de 8 mil portugueses e 6 mil mouros. Dom Sebastião (1554-1578) comandava um exército de 16 mil homens. Os árabes contavam com uma força formidável: 40 mil cavaleiros e 9 mil infantes. O trono português, depois de dois anos nas mãos do cardeal Dom Henrique (1512-1580), tio-avô do rei português, passou às rédeas de Felipe II (1578-1621), rei da Espanha, e só foi restaurado em 1640.

FORAM SOMENTE QUATRO OU CINCO GATOS-PINGADOS

A origem desta frase remonta a uma tortura procedente do Japão que consistia em pingar óleo fervente em pessoas ou animais, especialmente gatos. Os portugueses faziam pouco isso, mas há várias narrativas ambientadas na Ásia que mostram pessoas tendo os pés mergulhados num caldeirão de óleo quente, quando não o corpo todo. Depois do suplício, assistido por poucas pessoas, tal a crueldade, passou a denominar pequena assistência, sem entusiasmo ou curiosidade, para qualquer evento. James Clavell (1920-1994) narrou o costume no livro *Xogum*, transposto para minissérie de televisão em 1980, já exibida também no Brasil, com Toshiro Mifume (1920-1997) num dos principais papéis.

GANHARÁS O PÃO COM O SUOR DE TEU ROSTO
Muito utilizada por oradores e por escritores de todos os tempos, e de uso bastante frequente em alusões ao trabalho, de acordo com o texto do Evangelho esta frase foi pronunciada originalmente por Deus ao expulsar Adão e Eva do paraíso terrestre. Ela foi dirigida ao primeiro homem, coroando um processo sumário conduzido por Deus que culminou em três sentenças gravíssimas. As outras duas foram dirigidas ao demônio, representando pela serpente, e a Eva. A serpente foi condenada a arrastar-se eternamente sobre o ventre, e as mulheres, a passar pelos sofrimentos nos partos.

GLÓRIA A DEUS NAS ALTURAS
O evangelista São Lucas foi o primeiro a registrar esta frase que teria sido, não apenas dita, mas também cantada por anjo, acompanhado de milhares de vozes de coros celestes, na noite em que nasceu Jesus, diante de pastores maravilhados e um pouco medrosos com a aparição. Eles guardavam seus rebanhos naquela noite nas redondezas da gruta que depois seria transformada em basílica famosa. A partir do século XIII, quando São Francisco de Assis (1182-1226) construiu o primeiro presépio, a frase, juntamente com a representação da Sagrada Família, dos pastores e dos animais que rodearam a manjedoura naquela noite de frio, esteve sempre presente em todos os presépios em forma de faixa.

HABEAS CORPUS
A origem desta famosa frase latina, citada com muita frequência, principalmente em tempos de perseguição políticas que levam à perda das liberdades individuais, encontra-se nas primeiras palavras de uma célebre lei inglesa, o *Habeas Corpus Act*, sancionada em 1679 por Carlos II (1630-1685), então rei da Inglaterra, Escócia e Irlanda. Hoje está incorporado aos sistemas jurídicos de quase todos os países. Seu significado é que tenhas teu corpo. O objetivo deste preceito é garantir ao acusado o direito de aguardar o julgamento em liberdade, sob fiança. O imperador que sancionou notabilizou-se, entre outras coisas, por assegurar a convivência entre católicos e protestantes num tempo de grandes rivalidades entre as duas religiões.

HOMO SUM: HUMANI NIHIL A ME ALIENUM PUTO
Sou homem: nada do que é humano reputo estranho para mim" é um diálogo entre Cremes e Menedemo, personagens da peça *O que se pune a si mesmo*. Cremes diz que devemos nos interessar pelo que acontece aos outros e sermos solidários.
Essas frases são do cartaginês Terêncio, que viveu no Século II a.C. e foi levado à Grécia como escravo, depois libertado por seu senhor. Escrevia em grego. Não foi um dramaturgo popular em seu tempo. Plauto era mais apreciado do que ele, mas tornou-se muito aceito da Idade Média em diante e foi muito citado, até por Santo Agostinho e Santo Ambrósio. Nem sempre com as mesmas palavras, as frases de Terêncio retornaram em célebre poema de J. Donne, poeta inglês do Século XVI e XVII, que serviu de título ao famoso romance de Ernest Hemingway, *Por quem os sinos dobram*. Originalmente, Hemingway retirou o seguinte trecho de *Poemas para diversas*

ocasiões, de Donne; "Não pergunto por quem os sinos dobram, ele sempre dobra por mim, porque faço parte da humanidade e qualquer morte me diminui".

HOUVE MUITOS MÚSICOS FAMOSOS, MAS APENAS UM BEETHOVEN
Com esta frase, sempre repetida, Pelé explica, não sem vaidade, a sua proclamada e reconhecida genialidade com maior jogador de futebol de todos os tempos. Excessiva humildade, vinda de nosso atraso socioeconômico, dera-nos, antes de 1958, o complexo de vira-latas, segundo Nelson Rodrigues (1912-1980). Pelé rejeitou toda modéstia, sagrando-se e desfrutando de sua majestade ainda hoje, sendo mais conhecido e reconhecido do que monarcas e presidentes. O glorioso camisa 10 não poderia, porém, ignorar que Beethoven (1770-1827) e ele, na música e no futebol, sempre tiveram companhias à altura. Sem aqueles talentosos colegas, no Santos e na seleção, ele certamente não teria sido o mesmo. Sem contar que a Copa de 1962, Amarildo, Garrincha e os outros nove, e na de 1970, Gérson, Rivelino, havia Mozart, Wagner, Vivaldi, Villa-lobos etc.

HOUVE MUITOS PAPAS E UM ÚNICO MICHELANGELO
Esta frase foi pronunciada pela primeira vez pelo célebre pintor, escultor, arquiteto e poeta italiano Michelangelo Buonarotti (1475-1564), autor de algumas das principais obras-primas da arquitetura e da arte sacra em todos os tempos, entre as quais se destacam a cúpula da Basílica de São Pedro, em Roma, e os famosos afrescos da Capela Sistina. O artista vivia às turras com o papa Júlio II (1443-1513), que, entretanto, protegeu, além de Michelangelo, outros grandes pintores e arquitetos, como Rafael (1483-1520) e Bramante (1444-1514), e foi numa de suas brigas com o sumo pontífice que pronunciou a frase que ficaria famosa. Ao ouvir a frase, o papa deu uma bolacha na face do artista.

IMPRIMA-SE A LENDA

A primeira frase do homem ao pisar na Lua foi *"good luck, Mr. Gorsky"* (Boa sorte, senhor Gorsky) e não *"é um pequeno passo para o homem, um salto gigantesco para a humanidade"*. Quem a proferiu foi o astronauta Neil Armstrong (1930-2012), conversando com apenas uma das seiscentas milhões de pessoas que naquela noite memorável assistiam ao famoso desembarque. Na infância, ao buscar uma bola que caíra sob a janela de um vizinho chamado Gorksky, o menino e futuro astronauta ouvira da vizinha a seguinte frase dita ao marido: *"sexo oral, você quer sexo oral? Só quando o filho do vizinho pisar na Lua"*. Tinha sido um modo delicado e metafórico de negar, mas ela jamais poderia imaginar que o menino um dia chegaria à Lua. Já estava, então, muito batida a primeira frase proferida na Lua e, mais escritor do que professor, resolvi seguir o conselho: *"Quando a lenda for mais interessante do que a realidade, imprima-se a lenda"*. A recomendação aparecera em 1962 no filme O homem que matou o facínora, do celebérrimo cineasta americano Sean Aloysius O'Fearna ou John Martin Feeney (1922--2006), mais conhecido como John Ford (1894-1973). Mas as frases talvez não sejam nem do cineasta nem do roteirista John Warner Bellah (1899-1976), mas, provavelmente uma variante de *"o importante não é o fato, mas a versão"*, proferida décadas antes pelo político mineiro José Maria Alkmin (1901-1974), muito esperto, todavia não mais do que o seu conterrâneo Benedito Valadares (1892-1973). Este, ao repeti-la e atribuir a si mesmo a autoria, ouviu de Alkmin: *"Eu invento a frase, você a repete e agora todo mundo diz que é sua"*. E Benedito Valadares – também presente na expressão *"mas será o Benedito?"*, porque os mineiros ficaram surpresos pelos murmúrios de que Getúlio Vargas (1882-1954) o escolheria para interventor em Minas Gerais – respondeu fechando a questão: *"Isso prova que a frase está certa*". (ver texto de Ruy Castro (1948-) aqui: https://www1.folha.uol.com.br/fsp/opiniao/fz1212200905.htm) Todavia o filósofo alemão, Friedrich Nietzsche (1844-1900), que nasceu na Prússia no século anterior, já escrevera: *"Não há fatos, há apenas versões dos fatos".* E, se pesquisar um pouco mais, talvez encontremos a frase despretensiosamente dita por um escritor greco-latino ou por um sábio chinês. A palavra aborto e o verbo abortar são invocados tantos na gravidez quanto nos voos interrompidos. E se desse errado a viagem à Lua? O então presidente Richard Nixon (1913-1994) leria um texto que, entre outras coisas, dizia: *"Nos dias antigos, os homens olhavam para as estrelas e viam seus heróis nas constelações. Nos tempos modernos, fazemos o mesmo, mas nossos heróis são homens épicos de carne e osso".* Resumindo, ainda que os astronautas não voltassem de lá, a Lua teria sido alcançada por um artefato feito por homens, dos quais dois tinham lá desembarcado para morrer nos braços dela. E o presidente dos EUA que mais fez para que chegassem lá, John Kennedy (1917-1963), não foi aquele que celebrou o êxito da missão. O Céu que nos protege ou nos prejudica tem mostrado que as coisas aqui na Terra são assim: nos grandes projetos, o semeador sai a semear a sua semente, mas raramente é ele quem colhe o que plantou.

INDEPENDÊNCIA OU MORTE
Esta frase foi pronunciada por Dom Pedro I (1798-1834), no dia 7 de setembro de 1822, por volta das quatro da tarde, em São Paulo, às margens do riacho Ipiranga, ao romper os laços coloniais que nos submetiam a Portugal e proclamar a independência do Brasil. O imperador estava montado quando a pronunciou, de acordo com a iconografia que consagrou o ato mais importante do Brasil como nação, tal como fez o pintor paraibano Pedro Américo (1843-1905) no mais famoso de seus quadros históricos, *Grito do Ipiranga*. Nossa independência tornou notáveis muitas pessoas. O próprio pintor teve seu retrato colocado na sala dos pintores célebres, na celebérrima Galeria Degli Uffizzi, em Florença, na Itália.

INÊS É MORTA
Personagem histórica e literária, celebrada em *Os Lusíadas*, de Luís de Camões (1524-1580), Inês de Castro (1320-1355), teve um caso com o príncipe Dom Pedro (1320-1367), com quem teve três filhos. Por reprovar o romance, a casa real condenou a dama castelhana que vivia na corte portuguesa à morte por decapitação. Ela literalmente perdeu a cabeça por um homem.

Quando já era o oitavo rei de Portugal, Dom Pedro deu-lhe o título de rainha. Mas àquela altura logicamente isso de nada adiantava: Inês já estava morta. A frase passou a significar a inutilidade de certas ações tardias. É o título de romance do mineiro Roberto Drummond (1933-2002).

LAMBER OS DEDOS
As origens desta expressão prendem-se ao costume de dispensar talheres para as refeições. Tomando os alimentos nas mãos, alguns lambiam os próprios dedos, para aproveitar os últimos restinhos do sabor. Usamos a frase para indicar estado de grande satisfação, recordando a prática antiga de prolongar os prazeres da boa mesa. O dramaturgo Gil Vicente (1465--1536), fundador do teatro português, foi um dos primeiros a registrá-la, na *Farsa dos físicos*. Outro português, Garcia Resende (1470-1536), também a transcreveu em uns versos em que alude a uma mulher "que lambeu o dedo depois de gostar". Em antigas cortes muitos foram os soberanos que recusaram o uso de talheres, em nome do paladar.

LER NAS ENTRELINHAS
Esta frase dá conta de uma das muitas sutilezas da escrita, indicando que num texto até o que não está escrito deve ser lido, pois o sentido vai muito além das palavras, situando-se no contexto, para que não perca o espírito da coisa, expressão criada para identificar uma lacuna de interpretação. Entre os que primeiro registraram a frase está o escritor francês Charles Augustin Saint-Beuve (1804-1869) que, depois de publicar vários poemas e apenas um romance, dedicou-se inteiramente à critica literária, gênero em que se consagrou como um dos maiores de todos os tempos, lendo nas entrelinhas os autores que comentou.

LEVOU UM PUXÃO DE ORELHA
A origem desta frase, expressão que significa repreender, está ligada a antigas tradições populares, que a recolheram de usos e costumes nem sempre vagos, já que inspirados também em documentos jurídicos. As Ordenações

Afonsinas prescrevem que os ladrões tenham as orelhas cortadas. O grande navegador português Vasco da Gama (1469-1524) relatou o corte de 800 delas. E Gomes Freire de Andrade, o conde de Bobadela (1685-1763), governador e capitão-geral do Rio de Janeiro, Minas Gerais e São Paulo, personagem do filme *Xica da Silva*, de Carlos Diegues, recebeu 7800 delas. Depois as orelhas deixaram de ser cortadas e foram somente puxadas. Por fim, tudo virou apenas metáfora de admoestação.

LIBERTAS QUAE SERA TAMEN

Os escritores envolvidos no primeiro projeto de Independência do Brasil, a Inconfidência Mineira, em 1792, três anos depois da Revolução Francesa, cunharam o lema *Libertas quae sera tamen,* tirado de um verso da Primeira Égloga, do poeta latino Virgílio: Libertas quae tamen respexit inertem (a liberdade que tardia, todavia, apiedou-se de mim em minha inércia. O lema, como foi adaptado, é esdrúxulo: a liberdade que tardia, todavia... sic). Para o que queriam os inconfidentes, bastava *Libertas quae sera*. Ainda assim, o lema, com este erro de transcrição e de tradução, continua nas bandeiras de Minas Gerais e do Acre.

LIVRE NASCI, LIVRE VIVO, LIVRE MORREREI

O autor desta frase famosa, Pietro Aretino (1492-1556), tornou-se célebre por seus versos satíricos, licenciosos e cheios de erotismo. Apesar de ter escrito e publicado muito, apenas duas de suas obras passaram à posterioridade: *Os Diálogos* e os *Sonetos luxuriosos*. Arentino era filho de um sapateiro de Arezzo, na Itália. Foi contemporâneo de célebres renascentistas, entre os quais o pintor Ticiano Vercellio (1490-1576), que o imortalizou numa tela, hoje exposta na famosa Galeria Pitti, em Florença. Um dos maiores poetas de seu tempo, o escritor, como tantos outros que tomaram a sexualidade como tema preferencial, foi perseguido por causa da audácia de suas críticas aos poderosos.

MAGNA CARTA

Escrita às vezes em latim, *Magna Charta*, A Grande Carta designa a Constituição mais antiga do mundo, outorgada aos barões pelo rei inglês João Sem Terra em 1215. O rei foi apelidado *Lackland*, sem terra, por ter perdido os territórios na guerra contra o rei francês Filipe II (1165-1223), que por sua vez se apelidava Dádiva de Deus, por ter ganhado esses mesmos territórios nas batalhas. O documento, comercializado em pergaminho ou papel, às vezes já emoldurado, tem um título comprido: *"Magna Charta Libertatum, seu Concordiam inter regem Johannen at barones pro concessione libertatum ecclesiae et regni angliae (Grande Carta das liberdades, ou concórdia entre o rei João e os barões para a outorga das liberdades da Igreja e do rei Inglês)*. Tinha o fim de impedir o absolutismo, limitando o poder do soberano.

MANDA QUEM PODE, OBEDECE QUEM PRECISA

Ainda que poucos possam mandar porque muitos precisam obedecer, tradicionalmente o Português do Brasil usa o imperativo para pedir, e o subjuntivo para mandar. A expressão das rezas "rogai por nós" pede ou manda? "Publique-se" é uma ordem? Mudando o verbo, poder-se-ia mandar ou pedir na lanchonete "faça-se um sanduíche"? O poeta Luís Vaz de Camões deu ordens precisas a ninguém menos que o todo-poderoso rei de Portugal: "Tomai conselho só de experimentados,/ Que viram largos anos, largos meses,/ Que, posto que em cientes muito cabe,/ Mais em particular o experto sabe". Mas, então, ele mandava no rei, uma vez que usou o imperativo? E note-se que usou "experto" e não "esperto", de onde derivaram esperteza e espertalhão, que hoje sobram no Brasil, enquanto a expertise cai. O Português do Brasil reluta em aportuguesar o Inglês expertise. Estudando as complexas sutilezas destas variações, de acordo com o contexto em que as ordens são dadas, João Malaca Casteleiro (1936-2020), da Academia das Ciências de Lisboa publicou um livro saboroso cujo título, A arte de mandar em português (Editora Lexikon), mede a frequência com que alternamos estas formas verbais para dar ordens e preferimos ordens afirmativas em vez de ordens proibitivas. Nos exemplos que ele colheu, o Português do Brasil em 64,49% dos casos prefere o subjuntivo para ordenar, e usa o imperativo em apenas 19,2% deles. Em Portugal, a língua é a mesma, assim como em toda a África portuguesa e em outros países que integram a comunidade lusófona, mas o português europeu usa o imperativo em 42,25% dos casos para dar ordens, e o subjuntivo em apenas 43,49% deles, uma diferença de 21% no interior da mesma língua. Podemos concluir que Portugal manda de um modo bem diferente do que se manda no Brasil. Já quando se mede a porcentagem entre ordens afirmativas (faça isso) e ordens negativas (não faça isso), o equilíbrio é perfeito: 68,49% para o Português europeu, e 68,53% para o Português do Brasil nas ordens afirmativas, e 15,25% e 15,12% respectivamente nas ordens negativas. Pode ser que o Brasil tenha excessivos cuidados ao dar ordens, tão excessivos que raramente elas são cumpridas. E isso afetou os órgãos públicos numa escalada jamais vista nas últimas décadas, em proporção a ser analisada à luz deste livro interessantíssimo e revelador, que poderá servir de ferramenta para melhor entendermos o binômio empresa pública x empresa privada. E o autor nem pensou nisso quando defendeu este livro como tese, no longínquo 1961, na Universidade de Lisboa.

MARIA VAI COM AS OUTRAS
A mãe de D. João VI (1767-1826) e portanto avó de D. Pedro I (1798-1834), bisavó de D. Pedro II (1825-1891), trisavó da Princesa Isabel (1846-1921) e tetravó dos filhos da Redentora (é errado dizer tataravô), perdeu o juízo e passou a ser conhecida como A Rainha Louca. As cortes a afastaram do trono, legando o poder ao príncipe regente, que depois se tornaria o rei Dom João VI. Confinada a seus aposentos reais, a rainha só saía dali acompanhada por diversas damas de companhia, senão aprontava coisas desatinadas, louca que estava. Reinara sob o nome de Maria I (1734-1816). Quando o povo via o cortejo pelas ruas, sabia que ela não decidira passear, tinha sido levada. Não parecia mais a voluntariosa rainha que inclusive mandara enforcar e esquartejar Tiradentes. Agora era apenas uma Maria qualquer, sem vontade nenhuma, que era levada a passear com outras

mulheres, muitas das quais chamavam-se Maria também. E a soberana tornou-se apenas uma Maria que vai com as outras, expressão desde então aplicada a quem não tem opinião própria e segue a dos outros. Mas não deixa de revelar um preconceito contra as mulheres, pois há muitos joões e josés que estão sempre indo com os outros.

MAS ISTO FALA!
Exclamação atribuída a Dom Pedro II (1825-1991) ao experimentar o aparelho apresentado pelo físico e professor de surdos-mudos Alexandre Graham Bell (1847-1922), um dos inventores do telefone, em 1876. Nosso último monarca e também o derradeiro da América costumava dar uma curiosa atenção às novas tecnologias, ciências e letras no meio século em que governou e reinou no então Império do Brasil. Mas ficou com o telefone quase só para ele, de tão interessante que o considerou.

MATEUS, PRIMEIRO AOS TEUS
Esta frase, mandando aos importunos e chatos que se ocupem primeiro de suas próprias coisas, para só depois nos amolar a paciência, tem sua origem nos Evangelhos. Mateus, antes de tornar-se discípulo de Jesus, era odiado por ser cobrador de impostos de *Cafarnaum*. A profissão já era hostilizada naquele tempo, e o povo abominava esses funcionários do fisco romano que, conquanto judeus, serviam aos dominadores estrangeiros, além de extorquir taxas pessoais dos contribuintes. Na literatura oral de quase todos os países está fixada esta repulsa, depois recolhida por escritores, como nos versos de uma sátira de Gustavo Barroso (1888-1959) no livro *Ao som da viola*, dando conta de que na vida eterna eles serão condenados.

MEMENTO, HOMO, QUIA PULVIS ES ET IN PULVEREM REVERTERIS
"*Lembra-te, homem, que és pó e ao pó retornarás*". Estas frases, quase uma ameaça, são proferidas na cerimônia da quarta-feira de cinzas, quando o padre põe cinza sobre a cabeça ou na testa do penitente. Foram tiradas da Bíblia traduzida do Grego e do Hebraico para o Latim por São Jerônimo (347-420), a chamada edição Vulgata, e estão no Gênesis, precedidas de outras ameaças: "*Quia audisti vocem uxoris tuae et comedisti de ligno, ex quo praeceperam tibi, ne comederes, maledicta humus propter te! In laboribus comedes ex ea cunctis diebus vitae tuae. Spinas et tribulos germinabit tibi, et comedes herbas terrae; 19 in sudore vultus tui vesceris pane, donec revertaris ad humum, de qua sumptus es, quia pulvis es et in pulverem reverteris*".

(Porque ouviste a voz de tua esposa e comeste do fruto proibido da árvore do conhecimento, a terra seja maldita por tua causa. Farás trabalhos penosos para tirar dela o teu sustento todos os dias da tua vida. Ela te produzirás espinhos e abrolhos e tu comerás a erva que dela brota. Comerás o pão obtido com o suor de teu rosto até que voltes à terra de onde foste tirado, porque és pó e em pó serás de novo transformado).

MEU REINO POR UM CAVALO
O dramaturgo e poeta inglês Willian Shakespeare (1564-1616) criou um teatro cheio de reis dramáticos. Em peças, o poder está sempre presente e os elementos políticos cumprem funções decisivas. São célebres muitas frases proferidas por seus personagens, como "Ser ou não ser, eis a questão", "Há algo de podre no reino da Dinamarca" e "Meu reino por cavalo". Esta última é pronunciada duas vezes pelo rei usurpador, em suas duas únicas falas da cena quatro do quinto ato da peça *Ricardo III*, ao perder seu cavalo e ser derrotado pelo duque de Richmond na Batalha de Bosworth.

MISTURAR ALHOS COM BUGALHOS
Frase que sintetiza confusão, é de uso corrente na linguagem coloquial desde os tempos dos primeiros cultivos do alho, erva de que se aproveita o bulbo, principalmente como tempero. Os namorados, entretanto, procuram evitar pratos com tal condimento, já que o beijo fica mais adequado ao trato com vampiros e não com os amados, dado o cheiro pouco agradável advindo de sua metabolização no organismo. Com o sentido de coisas desconexas e trapalhadas, foi registrada por João Guimarães Rosa (1908-1967) num de seus contos: "O senhor pode às vezes distinguir alhos de bugalhos, e tassalhos de borralhos, e vergalhos de chanfalhos, e mangalhos... Mas, e o vice-versa?," Com sua escrita plena de complexidades e sutilezas, o maior escritor brasileiro do século XX misturou muito mais do que alhos com bugalhos, criando novas palavras ao manter alho como sufixo de diversas outras, aproveitando a coincidência fonética de 'bugalho', do celta *bullaca* (conta grande de rosário, noz), rimar com alho, além de designar coisa parecida na forma.

MORRO PELA MINHA PÁTRIA COM A ESPADA NA MÃO
Última frase pronunciada pelo estadista, ditador e militar paraguaio Francisco Solano López (1826-1870), à beira do riacho Aquidabán, ferido de morte pelo soldado brasileiro José Francisco Lacerda, o Chico Diabo (1848-

-1893) e antes de receber o tiro de misericórdia, disparado pelo gaúcho João Soares (Século XIX), contrariando ordens de seu superior, que ordenou a seus comandados que o capturassem vivo. A frase foi pronunciada no dia 1º. de março de 1870 e marcou o fim da guerra do Paraguai. A espada de Solano López estava com a ponta quebrada, curiosidade que foi registrada pelo comandante-chefe das operações, o Conde D'Eu (1842-1922), em carta enviada a Dom Pedro II (1825-1891), de quem era genro, pois era casado com a princesa Isabel (1846-1921). Curiosidade maior marcou o fim dos vencedores: o pai, a filha e o genro morreram no exílio, sem espadas na mão e desprezados pela pátria que haviam adotado, o Brasil.

MORRO PORQUE NÃO MORRO
Esta frase tornou-se famosa por vários motivos, entre os quais está o de sintetizar em poucas palavras o estado de espírito dos místicos. É de autoria do mais famoso deles, João da Cruz (1542-1591), patrono dos poetas espanhóis, doutor da Igreja e autor de deslumbrantes poesias em que extravasa sua união mística com Deus, desconcertantes para leitores não cristãos, dadas as redes de metáforas, paradoxos e outras figuras de linguagem cujo valor ultrapassa o literário. Ele retornou a ordem dos carmelitas e foi por isso perseguido e aprisionado por seus irmãos de hábito. Suas obras, traduzidas para muitas línguas, têm sido objeto de muitos estudos e foram transpostas para o cinema e o teatro muitas vezes.

NADA TEMOS A TEMER, EXCETO AS PALAVRAS
O escritor Rubem Fonseca (1995-2020) não era ainda o admirável romancista, autor de tantos livros de sucesso, quando incrustou esta frase em seu romance de estreia, *O caso Morel*, publicado em 1973. Até então ele tinha publicado apenas livros de contos, muito elogiados pela crítica. A frase está repetida insistentemente ao longo de uma narrativa marcada por violência e erotismo combinados, sobretudo nas relações amorosas de alguns personagens. Parecia premonição, pois seu livro seguinte, de contos, intitulado *Feliz Ano Novo*, e publicado em 1975, ficou proibido 13 anos, de 1976 a 1989. Inconformado com o veto do então ministro da Justiça do presidente Ernesto Geisel, o autor foi aos tribunais. O processo arrastou-se até 1989, quando em grau de recurso, no Tribunal Regional Federal, o livro foi finalmente liberado. Houve muitas cópias piratas e edições clandestinas em fac-símile enquanto o livro estava proibido.

NÃO É NENHUMA SANGRIA DESATADA
Os barbeiros foram os primeiros médicos. Eles exerciam a medicina com práticas insólitas e uma delas consistia em sangrar o paciente, isto é, fazer pequena incisão no braço, na perna ou mesmo no pescoço para que o sangue jorrasse um pouco. Era crença que assim ele seria purificado e a saúde melhoraria. Quando, porém, se desatava o pano amarrado pelo barbeiro, a situação era grave, era caso de sangria desatada e o paciente precisava ser socorrido imediatamente.

NÃO ENTENDO PATAVINA
Esta frase, que significa declaração de ignorância total sobre determinado assunto, originou-se em certos descuidos gramaticais do historiador

romano Tito Lívio (59 ou 64 a.C. – 17 d.C.), nascido em Pádua, em italiano *Padova*, e em latim, *Patavium*. Outros escritores latinos, tidos por mais cultos, reprovaram suas expressões, próprias do dialeto da região em que o historiador viveu, o que dificultava o entendimento. Alguns estudiosos dão como explicação o fato de os portugueses terem dificuldade de entender os mercadores e os frades franciscanos patavinos, isto é, originários de Pádua. O próprio Santo Antônio de Lisboa (1195-1231) é mesmo Santo Antônio de Pádua. Quem não compreende bem certos usos e costumes religiosos, não entende patavina disso também.

NÃO FOI PARA ISSO QUE EU O INVENTEI
Frase lendária que teria sido pronunciada por Alberto Santos Dumont (1873-1932), ao ver, em São Paulo, o uso do avião nos combates fratricidas da Revolução Constitucionalista em 1932. Seu engenho mais famoso foi o 14-Bis, a bordo do qual realizou o primeiro vôo documentado da história da aviação. Foi marechal do ar; é patrono da Aeronáutica e da Força Aérea Brasileira, além de imortal da Academia Brasileira de Letras. A única homenagem que de nada lhe serviu foi a efígie na antiga nota de dez mil cruzeiros. A inflação, como fez com outras figuras célebres, liquidou essa homenagem à sua memória.

NÃO LAMENTO MORRER, MAS DEIXAR DE VIVER
Esta frase foi dita e escrita pelo célebre político francês François Mitterrand (1906-1995), que levou o socialismo ao poder na França, por meios democráticos, em 1981, tornando-se presidente da Republica em eleições livres. Ele foi um dos grandes personagens políticos deste século, tendo destacada atuação também durante a Segunda Guerra Mundial. Na sua gestão como presidente da República, a educação e a cultura receberam atenção especial e boas dotações orçamentárias. Um dos marcos foi a construção de um novo prédio para a Biblioteca Nacional, que custou cerca de 11 milhões de dólares. Por obras como essa é que não será esquecido, esta outra forma que temos de morrer.

NÃO ME CHEIRA BEM
A intuição está presente nesta frase, muito comum no Brasil, dando conta de que há uma compreensão para além das palavras. Neste caso, afora o sentido da audição, entra o do olfato, posto que em forma de metáfora, para aguçar nosso entendimento. Os cristãos primitivos criaram a expressão *odor*

de santidade para caracterizar o estado de uma pessoa virtuosa, já santa em vida. Mas seu contrário, muito mais frequente, seria um odor desagradável, exalado de pessoas desonestas ou de situações inconvenientes. Um dos que a registraram literalmente foi o escritor português Camilo Castelo Branco (1825-1890), em diálogo onde um personagem comenta um famoso impostor.

NÃO PERGUNTEM O QUE A AMÉRICA FARÁ POR VOCÊS
Esta frase tornou-se famosa desde que o então presidente do Estados Unidos, John Fitzgerald Kennedy (1917-1963), a pronunciou em seu discurso de posse, proferido a 20 de janeiro de 1961. O discurso passou a ser muito citado em virtude desta e de outras frases, igualmente memoráveis, pinçadas pelos jornalistas na gigantesca cobertura da mais concorrida posse de um presidente americano. O jovem presidente, então com 45 anos, disse no mesmo discurso: "não perguntem o que seu país pode fazer por vocês; perguntem o que vocês podem fazer por seu país". Orador fascinante, de posições firmes em sua política interna e externa, Kennedy morreu assassinado em circunstâncias até hoje misteriosas.

NÃO POSSO INTERPRETAR UM PERDEDOR: NÃO ME PAREÇO COM UM
Frase pronunciada muitas vezes por Rock Hudson (1925-1985), famoso galã romântico de Hollywood, diante de roteiristas, diretores, colegas e jornalistas. Depois de servir na Marinha dos Estados Unidos, de 1944 e 1946, tornou-se ator, estrelando vários filmes na década de 50, como *Sublime obsessão*, *Assim caminha a humanidade* e *Confidências à meia noite*, em que contracenou com a linda e pura Doris Day. Nas décadas seguintes, fez jus ao grande prestígio que tinha junto ao público feminino, desempenhando sempre papéis de rapaz namorador e divertido. O que as fãs não sabiam é que Rock Hudson, na vida real, preferia os homens. Pouco antes de morrer, o ator anunciou que havia contraído o vírus da Aids.

NÃO SABE NEM O DÓ, RÉ, MI
Para tachar alguém de analfabeto, diz-se que "não sabe nem o ABC". E se não sabe música, nem o "dó, ré, mi". A frase serve para designar quem nada entende de música. As denominações para as notas foram dadas pelo musicólogo italiano Guido D¢Arezzo (990-1050), que se inspirou nas primeiras sílabas de um hino a São João, o Evangelista, composto em latim por um cantor de igreja que estava resfriado. Nele o cantor pedia ao santo que lhe devolvesse a voz. Os seis versos começavam com Ut, re, mi, fa, sol, la.

A primeira nota mudou para dó, permanecendo ut apenas para os eruditos. E a última, si, foi formada com as iniciais do nome do santo em latim: Sancte Joannes. Em latim, o 'jota' tem som de 'i'. A oração tem seguinte teor: "Ut queant laxis/Resonare fibris/Mira gestorum/Famili tuorum/Solve polluti/ Labii reatum/Sancte Joannes" ("Purifica os nossos lábios culpados, a fim de que teus servos possam celebrar a plena voz as tuas maravilhas, ó são João").

NÃO SE PODE GOVERNAR UM PAÍS QUE TEM 246 VARIEDADES DE QUEIJO

Esta frase foi pronunciada pelo general Charles de Gaulle (1809-1970), notável militar na Segunda Guerra Mundial e célebre estadista francês. Foi por duas vezes presidente da República, renunciando a 28 de abril de 1969. Atribui-se também a De Gaulle uma outra frase famosa: "o Brasil não é um país sério", mas a autoria desta última não pôde ser comprovada, como ocorrem com outras verdades sobre nosso país, atacado de tempos por ufanismo contagioso ou pessimismo sem motivos claros, a não ser, evidentemente, aqueles patrocinados por nossos governantes. Pode ser difícil governar um país com tantas variedades de queijo, mas os franceses, famosos pela atenção que dão à culinária, reclamaram muito de De Gaulle e pouco dos queijos que sempre produziram. No resto do mundo, De Gaulle e os queijos franceses foram sempre mais elogiados do que criticados.

NÃO SUBA O SAPATEIRO ACIMA DA SANDÁLIA

Apeles (século IV-século III a.C.), o famoso pintor grego que retratou Alexandre, o Grande, costumava expor suas pinturas em praça pública, escondendo-se atrás dos quadros para ouvir a opinião dos que por ali passavam. Concordando com as críticas, retirava suas obras, refazia-as e voltava a exibi-las para novos comentários. Certa vez um sapateiro notou um defeito na chinela de uma figura. Apeles saiu de trás do quadro e pronunciou a frase memorável, dando conta de que há limites para a crítica. O padre Manuel Bernardes (1644-1710), um dos melhores estilistas da língua portuguesa, está entre os que registraram a frase famosa.

NAS REVOLUÇÕES, O DIFÍCIL É SALVAR A PORCELANA

Esta frase é de autoria do político francês Georges Clemenceau (1841-1929), deputado chefe da esquerda radical a partir de 1875; senhor de uma eloquência arrebatadora. No primeiro decênio deste século, já presidente do conselho dos ministros, rompeu com os socialistas. Era temido também por ser um derrubador de ministérios e, dada a sua notável valentia, recebeu o apelido de Tigre. Deposto, voltou ao poder em 1917, dedicando-se à continuação da Primeira Guerra Mundial. Depois da vitória, tornou-se muito popular e negociou o Tratado de Versalhes. A frase indica que em mudanças radicais, como é o caso das revoluções, alguma coisa muito preciosa se perde. Em geral, a porcelana é a liberdade.

NASCER DE BUMBUM VIRADO PARA LUA
Nasce corretamente quem vem ao mundo de ponta-cabeça. Sempre tinha sido indício de sorte nascer de ré, apontando primeiramente o bumbum e ainda assim sobreviver, num tempo em que a mortalidade infantil era estratosférica. Este é o berço provável da expressão que diz ser sortudo quem nasce com o bumbum virado para a lua. Mas por que a Lua entrou na expressão? Provavelmente porque, sendo deusa, já era dos namorados e dos casais ainda na concepção, e os partos noturnos, antes da invenção do fogo e mesmo depois, poderiam ter acontecido à luz da Lua ou por ela presididos como entidade divina e protetora, quando as mães se escondiam fora da habitação para ter os filhos. Passaram a tê-los dentro de casa, com as parteiras, e hoje os partos voltaram a ser feitos fora de casa, nas maternidades.

NAVEGAR É PRECISO, VIVER NÃO É PRECISO
A expressão já foi creditada a Caetano Veloso (1942-), porque muitos de nossos jovens iletrados, mas bons de ouvido, somente a aprenderam da boca de seu ídolo. Entretanto, o próprio baiano já admitiu que a leu em Fernando Pessoa. A autoria não cabe, porém, nem ao poeta português, nem ao compositor baiano. Quem a tornou famosa foi o general romano Pompeu (106 a.C.-48 d.C.) para persuadir marinheiros a zarpar com os navios carregados de alimentos, mesmo em meio a uma tempestade, porque havia muita fome em Roma. Somente o circo, como sabiam os imperadores, não era suficiente para conter rebeliões, se faltasse o pão. Pompeu a pronunciou num latim desjeitoso, segundo nos informa Plutarco: *navigare necesse, vivere non necesse*, mas a frase já existia também em grego.

NOBLESSE OBLIGE
Esta frase, nascida de um trecho do filósofo, estadista e poeta latino Anício Mânlio Severino Boethius (480-524), mas conhecido como Boécio, está presente em muitas línguas, incluindo a portuguesa, segundo a síntese elaborada

pelos franceses, sem alteração da grafia e do significado: nobreza obriga, isto é, aristocracia e a boa educação devem levar o indivíduo a comportar-se como um cavalheiro. Se não a primeira, a segunda. Originalmente, a frase foi escrita em latim e está embutida num período mais longo, usual no estilo de Bécio, de seu livro *O consolo da filosofia*.

NÓS, AS MULHERES, NÃO SOMOS TÃO FÁCEIS DE CONHECER

Esta frase ficou famosa por seu conteúdo e por sua autoria. As mulheres sempre desconcertaram e surpreenderam os homens. Sigmund Freud (1856-1939), o fundador da psicanálise, reconheceu não saber o que queriam as mulheres. Ocorre, porém, que a frase é de autoria de uma mulher formosa, culta, apaixonada, Santa Teresa de Ávila (1515-1582). Sua sabedoria foi ainda mais admirada depois que o papa Paulo VI (1897-1978) a declarou doutora da Igreja. A santa morreu a 4 de outubro e foi enterrada no dia seguinte, 15. Não é erro de data. No dia de sua morte foram subtraídos 10 dias do ano civil para adequá-lo ao ano solar. Os que leem a vasta obra da santa, porém, podem mais facilmente entender as mulheres.

O AMOR É MAIS FORTE DO QUE A MORTE
Esta frase é de autoria de Salomão (1032-975 a.C.), célebre rei dos hebreus e filho de outro rei famoso, Davi (1015-975 a.C.) de quem se tornou sucessor. Sua sabedoria passou à História como digna de ser seguida. Teve muito mais mulheres do seu pai, mas não mandou o marido de nenhuma delas para a frente de batalhas para ficar com a mulher do próximo. Foi ele quem construiu o templo de Jerusalém e escreveu três dos livros bíblicos: *Provérbios, Eclesiastes e Cântico dos Cânticos*, onde encontramos frases deslumbrantes como esta, em português chamadas de versículos por uma convenção aplicada aos textos bíblicos. Não se pode contestar a experiência amorosa deste rei-escritor, senão quantitativa, pois ele amou a mais de mil mulheres.

O AMOR É UMA ENXAQUECA UNIVERSAL
A frase é do poeta, romancista e ensaísta Inglês Robert von Ranke Graves (1895-1985), autor de mais de 120 livros, que incluem pesquisas reveladoras de importante religião baseada na figura de uma deusa branca, cuja adoração teria existido ainda no cristianismo. Outros livros seus muito conhecidos são uma autobiografia sobre sua participação na Primeira Guerra Mundial, em que foi gravemente ferido, e o romance *Eu, Cláudio*, narrado pelo famoso imperador romano, que tão pouco amou. Seus sofrimentos não impediram de escrever notáveis livros de poemas, tratando de sentimentos profundos, vividos num século que fez mais guerra – duas mundiais – do que o amor.

O AMOR É UMA LOUCURA
Esta frase é atribuída ao extraordinário poeta alemão Heinrich Heine (1797--1856), cujos versos estão cheios de melancolia. Apesar, porém, da tristeza de

sua poesia, Heine tinha muito humor em seus textos de prosa, entre os quais estão narrativas de viagem e o romance *O rabino de Bacherach*. Adorava a mulher que desposou, Eugênia, mas comentando a marcha nupcial dos casamentos, comparou-a à música dos soldados que vão à guerra. Crítico com próprio país, dizia que as únicas boas coisas da Alemanha eram as salsichas e a cerveja. De ascendência judaica, de família de banqueiros, converteu-se ao cristianismo "para não ter que encontrar-se com os parentes judeus no outro mundo".

O AMOR QUE NÃO OUSA DIZER SEU NOME
Identificando a homossexualidade, esta frase, muito citada, é um verso do poema "Dois amores", de autoria do lorde inglês Alfred Douglas (1870--1945), escritor de reconhecidos méritos que influenciou até mesmo o francês André Gide (1869-1951), Prêmio Nobel de Literatura em 1947. O lorde foi um dos muitos jovens aristocratas britânicos a ter caso com o escritor inglês Oscar Wilde (1854-1900). Entretanto, quando se tratou de punir as práticas homossexuais de todos eles, o autor de *O retrato de Dorian Gray* e *A alma do homem* sob o socialismo foi o único a ser condenado à prisão pelo amor que não ousava dizer seu nome, já que seus amados também não ousaram declarar-se.

O CINEMA NÃO TEM FUTURO COMERCIAL
Esta frase é de autoria de Auguste Lumière (1862-1954) que, juntamente com o irmão, Luis Lumière (1864-1948), é tido como um dos inventores do cinema. Ele teria pronunciado por ocasião da primeira projeção de um filme, ainda mudo, ocorrida em Paris, no dia 28 de dezembro de 1895. Os industriais inventores estavam enganados. O cinema tomou conta do mundo e hoje movimenta verdadeiras fortunas, a ponto de um filme apenas, *O parque dos dinossauros*, ter arrecadado um bilhão de dólares. Também os investimentos comerciais foram aumentando, e *Waterworld*, produzido em 1995, custou 160 milhões de dólares.

O CORAÇÃO TEM RAZÕES QUE A RAZÃO DESCONHECE
A história desta frase não poderia ter origem mais paradoxal, pois foi proferida e escrita por um personagem que deu grande valor à ciência, o célebre matemático, físico, filósofo e escritor francês Blaise Pascal (1623--1662). Aos 16 anos já tinha escrito um ensaio científico e aos 18 inventou uma máquina de calcular, base de nossos atuais computadores. Depois

que sua irmã Jacqueline entrou para o convento, Pascal retirou-se para a célebre localidade de Port-Royal-des-Champs, que deu nome a uma escola de pensadores, e passou a escrever artigos contra os jesuítas. Cuidadoso com a língua francesa, escreveu sempre em estilo irrepreensível. A frase dá grande valor à intuição.

O ESCRITOR É IRMÃO DE CAIM E PRIMO DISTANTE DE ABEL
Esta frase, inspirada na história bíblica de Caim – filho mais velho de Adão e Eva, que matou o irmão Abel –, é o penúltimo haicai da série de 123 que constam de um folheto distribuído a algumas pessoas em 1993 pelo escritor curitibano Dalton Trevisan (1925-)e posteriormente reunidos em livro publicado pela Editora Record com o título de *Ah, é?* Conciso, lacônico, avesso a entrevistas, o ficcionista de reconhecido talento tem espelhado essa concepção amarga da literatura nos seus mais de 80 livros publicados, que lhe valeram prêmios e traduções para diversas línguas. Ele estreou em 1959, com *Novelas Nada Exemplares* (1959), uma vez que renega os dois livros publicados antes desta data: *Sonata ao Luar* (1944) e *Sete Anos de Pastor* (1948).

O ESTADO SOU EU
Esta frase é sempre citada como exemplo de personalidade de reis e presidentes. Foi pronunciada pela primeira vez por Luís XIV (1638-1715), rei da França, no dia 13 de abril de 1655, aos 17 anos, ao entrar no parlamento em trajes de caça. Advertido pelo presidente da Casa, respondeu: *L'État c'est moi!* (o Estado sou eu!). Voltou a pronunciá-la sempre que era contrariado por seus ministros e ainda mandou inseri-la num curso de Direito Público, feito especialmente para um de seus duques, acrescentando: "*na França, a nação reside toda na pessoa do rei*". O tempo mostrou o quanto o rei estava enganado. Na Revolução Francesa, não foi a França quem perdeu a cabeça.

O HOMEM PÕE, MAS DEUS DISPÕE
Esta frase, tão citada como provérbio, deve sua fama ao enorme sucesso do livro *A imitação de Cristo*, um best-seller que está na lista dos mais vendidos e, neste caso, também dos mais lidos, há vários séculos. Publicado pela primeira vez em 1441 e só perdendo em traduções para a Bíblia, é de autoria do escritor e asceta alemão Tomás de Kempis, que viveu no século XV. A frase significa que, por mais que o homem planeje meticulosamente sua

vida, algo de imponderável pode acontecer e deve ser creditado à intervenção divina. Com o passar dos anos outras variações foram surgindo e uma da mais comuns, no Brasil, é Deus não joga, mas fiscaliza. Genézio Darci Boff, mais conhecido como Leonardo Boff (1938-) fez nova tradução deste livro para o português em 2016.

O PÊNALTI É TÃO IMPORTANTE QUE DEVERIA SER COBRADO PELO PRESIDENTE DO CLUBE

A autoria desta frase é atribuída a um lendário filósofo do futebol, conhecido como Neném Prancha, cujas tiradas tornaram-se célebres. O pênalti, a falta mais grave em futebol, ocorrida dentro da grande área, é cobrada a 11 metros do gol, em frente às traves adversárias. Ao defender um pênalti, o goleiro vira herói. Já o atacante, se acerta, não faz mais do que a obrigação, mas se erra, transforma-se em vilão. A final da copa de 1994, disputada entre o Brasil e a Itália, foi decidida nos pênaltis. O atacante italiano Roberto Baggio, diante de Taffarel, que já tinha defendido um dos pênaltis, chutou para fora. O lance deu o tetracampeonato ao Brasil.

O PODER É O AFRODISÍACO MAIS FORTE DO MUNDO

O Prêmio Nobel da Paz de 1973, Henry Alfred Kissinger (1923-), surpreendeu os jornalistas com esta frase que ficaria famosa, proferida em entrevista coletiva que tinha como assunto principal as negociações que levariam ao fim da guerra do Vietnã, nos anos 70. Responsável também pelo cessar-fogo de uma das muitas guerras travadas entre árabes e israelenses, Kissinger foi secretário de Estado de 1973 a 1977 e um dos primeiros idealizadores das aproximações políticas dos Estados Unidos com a ex-União Soviética e a China. Atuando como um dos homens mais poderosos do mundo numa época marcada pela geração que proclamava ser melhor fazer o amor do que a guerra, apresentou, com esta frase, um outro mirante para o desejo.

O POVO QUER PÃO E CIRCO

Segundo uma das sátiras do escritor latino Décimo Júnio Juvenal (60-140), a plebe romana só queria saber de pão e circo, sendo esta uma das razões do declínio do Império. Vários imperadores providenciaram o cumprimento desta máxima, entre os quais Lúcio Vero (130-169), que partilhava com o povo o gosto pelos esportes, principalmente os espetáculos de gladiadores, bem antes das perseguições que levaram os cristãos à maior arena do

Ocidente para serem comidos por leões. A frase, retomada por autores de diversas épocas e países, consolidou-se como sinônimo de uma certa preguiça universal. Mas certamente este não é um ponto de vista popular, já que quem mais come, bebe e se diverte é a classe social privilegiada, tanto no capitalismo como no socialismo, haja vista a famosa *nomenclatura* soviética.

O REAL NÃO ESTÁ NEM NA SAÍDA NEM NA CHEGADA: ELE SE DISPÕE PARA A GENTE É NO MEIO DA TRAVESSIA

Eis uma frase que poderia ser inscrita na nova moeda brasileira, o real. É de autoria do grande mineiro João Guimarães Rosa (1908-1967). Foi proferida pelo jagunço letrado Riobaldo no célebre *Grande sertão: veredas*, publicado pela primeira vez em 1956 e levado à televisão com Bruna Lombardi no papel, misterioso e repleto de sutis complexidades, de Diadorim. Guimarães Rosa recomendava a quem já tinha lido o livro que não revelasse o grande segredo do romance, envolvendo Riobaldo e Diadorim, porque, como sugere a frase, no desfecho do romance é que os leitores entendem melhor algumas de suas passagens mais memoráveis.

O REI REINA, MAS NÃO GOVERNA

Esta frase e seu sentido estão muito bem estudados numa obra clássica do ensaísta brasileiro Raymundo Faoro, *Os donos do poder: formação do patronato político brasileiro*, que recebeu no ano de seu lançamento o prestigioso *Prêmio José Veríssimo de Ensaio e Crítica*, da Academia Brasileira de Letras. A frase sintetiza a base das monarquias constitucionais. Válida para as outras cortes, no caso da portuguesa não poderia ser empregada, pois o rei reinava e governava, sendo chefe político, religioso e militar. Acima do rei e seu poder incontestável, estava apenas o papa. O papa, e não o clero. Um dos primeiros a proclamar esta frase foi o célebre político, historiador e depois presidente francês Adolphe Thiers (1797-1877).

O SENHOR COMBINOU COM OS ADVERSÁRIOS?

Esta frase lendária entrou para o folclore do futebol como tendo sido dita por Manoel Francisco dos Santos, o Garrincha (1933-1983), após ouvir a preleção do técnico Vicente Feola (1909-1975) sobre o esquema de jogo contra a então União Soviética na Copa de 1958. Garrincha, tido por simplório, mas um dos maiores jogadores de todos os tempos, fez uma pergunta que, por sua lógica absurda, desconcertou a todos. Segundo ele, do modo como o técnico explicava, para o esquema dar certo era indispensável a ajuda dos adversários. No primeiro minuto de jogo, Garrincha esqueceu os planos, driblou meio mundo e chutou na trave. Diante do carnaval que fez, a derrota por 2 a 0 saiu barata para a URSS.

O SER HUMANO NÃO PODE SUPORTAR MUITA REALIDADE
A imprensa caracteriza-se por extremado realismo, tanto em jornais e revistas como no rádio e na televisão, como fez a literatura no século passado e até meados deste século. Entretanto, todas as pessoas têm necessidade de fantasia e para tanto a indústria cultural tem-se esforçado para atender a este anseio. A sétima arte, como é chamado o cinema, tem sido, entre todas as manifestações artísticas, a que mais se preocupou em fornecer fantasia ao público, com o intuito de atenuar a realidade, cada vez mais dura, da vida cotidiana. Em outros tempos este propósito teria sido acusado de alienante, mas os tempos modernos deram razão a esta famosa frase do escritor anglo-americano Thomas Stearns Eliot, mais conhecido como T.S. Eliot (1888-1965).

O SERTANEJO É, ANTES DE TUDO, UM FORTE
Esta frase, uma das mais repetidas da vida nacional, foi escrita pela primeira vez em O Estado de São Paulo pelo engenheiro civil, professor de lógica e jornalista, Euclides Rodrigues Pimenta da Cunha (1866-1909), que se tornaria escritor famoso justamente com as reportagens onde está esta frase, depois reunidas em livro sob o título de Os Sertões, em 1902. Cobrindo a campanha de Canudos, o escritor captou e expressou com argúcia o sertão, o povo e sua famosa e trágica luta. Soube ver a força dos fracos, escondida em aparências que indicavam, ao primeiro olhar, o cansaço e a fraqueza do sertanejo, que ele chamou de "Hércules-Quasímodo, desgracioso, desengonçado, torto". Mas, antes de tudo, um forte. Euclides da Cunha morreu assassinado por seu comborço (amante de sua esposa), na realidade, como Escobar o era de Capitu, na ficção.

O SILÊNCIO É DE OURO
Esta frase já estava na boca de muitos povos quando o cineasta René Clair (1898-1981) a utilizou literalmente, no original literalmente, no original francês, como título de um filme, Le silence est d¢or, cujo tema é o cinema antigo, quando o som não era ainda utilizado. A aquisição da linguagem é etapa decisiva do desenvolvimento humano. Porém, tendo aprendido a falar,

o homem precisa aprender também a calar, daí a razão da sabedoria desta frase, presente em muitas outras línguas, algumas das quais acrescentam que a palavra é de prata. Saber calar e cultivar a discrição são recomendações tão antigas que já estão presentes também em famoso livro da Bíblia, o Eclesiastes. No Brasil, a variante popular é "em boca fechada não entra mosca".

O SUCESSO É DOCE
Com frequência, ouvimos ou lemos sobre o gosto amargo da derrota. Mas se a derrota é amarga, o sucesso é doce. O povo consagrou esta frase para celebrar o êxito, aludindo a ao gosto agradável das vitórias. Tal como aconteceu com outros ditos populares, este também pode ter inspirado a a escritora norte-americana Emily Dickinson (1830-1886) a fazer estes versos: "o sucesso é muito mais doce para quem não o pode alcançar". Ela soube ir além do provérbio, levando-nos a reflexão mais profunda, pois o sucesso não pode ser fim; deve ser sempre recomeço. Autora de sucesso, sempre evitou a vida social. Era de poucos amigos, adorava a solidão, um dos grandes temas de sua poesia.

O VIADUTO É A MENOR DISTÂNCIA ENTRE DOIS ENGARRAFAMENTOS
Frase do ex-prefeito de Curitiba e ex-governador do Paraná, Jaime Lerner, já famosa, mas que se tornou ainda mais célebre depois de proferida na Conferência Internacional do Meio Ambiente, denominada Habitat 2, realizada em junho de 1996, em Istambul, principal cidade da Turquia. O autor da frase imprimiu à cidade de que foi prefeito por muitos anos um projeto urbanístico marcado por eficiente rede viária para os transportes públicos, tornando-a cidade-modelo no mundo, segundo critérios adotados pela Unesco. Para substituir os viadutos, evitados pelo governador, são feitas propostas alternativas de trânsito, como as vias expressas e o ônibus conhecido como Ligeirinho, a grande vedete daquele evento internacional.

OLHO POR OLHO, DENTE POR DENTE
Esta frase, que consagra a vingança como preceito jurídico, está inscrita num dos 282 artigos do Código de Hamurabi (1792-1750 a.C.), o criador do Império Babilônico. Em 1901, arqueólogos franceses descobriram, em território hoje pertencente ao Irã, uma estrela cilíndrica de diorito onde está gravado este célebre conjunto de leis, um dos mais antigos de que se

tem notícia. Baseado na lei de talião, presente também num dos livros da Bíblia, o *Levítico*, prescreve para o transgressor pena igual ao crime que praticou. Ainda é aplicado em várias sociedades do Oriente.

ORDEM E PROGRESSO

Esta frase, lema inscrito em nossa bandeira, é de autoria de Benjamin Constant, cujo nome completo é Benjamin Constant Botelho de Magalhães (1836-1891), militar e político brasileiro, um dos fundadores da República. Foi ele quem, inspirado nas ideias do fundador da sociologia, o positivista francês Auguste Comte (1798-1857), orientou o desenho da bandeira nacional. Engenheiro de formação e defensor da premissa de que a ordem é indispensável ao progresso, lutou na Guerra do Paraguai, onde foi o responsável pelas fortificações de Tuiuti. Foi ministro da Guerra do governo provisório e mais tarde da Instrução, onde travou sua melhor guerra, realizando uma reforma educacional de excelentes resultados em instituições que se tornaram famosas pela qualidade de ensino, como o Colégio Pedro II e a Escola Normal, ambos no Rio.

OS ACIONISTAS SÃO OVELHAS OU TIGRES

Esta frase é de autoria do lendário banqueiro israelense Mayer Amschel Rothschild (1744-1812), fundador da casa de crédito que levaria seu nome. A família obteve muita fortuna com suas operações, especialmente com o financiamento de várias guerras europeias. No final do século XIX, os Rothschild lideravam o ranking dos bancos, mas depois outras casas de crédito os superaram. A família distinguiu-se também na política, tendo vários membros barões do então poderoso império austríaco, além de um descendente deles ter sido o primeiro judeu a entrar para o parlamento britânico. A frase indica o comportamento dos acionistas diante de operações que dão lucro ou prejuízo.

OS ADULADORES SÃO OS PIORES INIMIGOS

A cada nova mudança de governo, surgem, inevitáveis, os aduladores, que se comprazem em lisonjear com o fim de obter recompensas que de outro modo não alcançariam, dada a ausência de méritos. Em todas as sociedades, os favores prestados a aduladores demonstraram ser perigosos àqueles que os concederam, beneficiando apenas aos puxa-sacos, que é como a linguagem popular, sem nenhum eufemismo, os denominou. A frase é do historiador latino Poliu Cornélio Tácito (55-120 d.C.), alertando as autoridades romanas contra esta praga universal. O mesmo pensamento foi expressado em outras palavras na Bíblia em textos de doutores da Igreja.

OS FINS JUSTIFICAM OS MEIOS

A ideia de que não importa que os meios sejam ilícitos quando os fins são nobres consolidou-se nesta frase, atribuída, entre outros, aos jesuítas e aos autores italianos Niccolò Machiavelli (1469-1527) e Francesco Guicciardini (1483-1540), dois filósofos que se preocuparam com o poder e a ética dos governadores, o último dos quais é autor das célebres *Ricordi* – em italiano, advertências, conselhos – somente agora traduzidas para o português com o título de *Reflexões*, mais de acordo com os temas do livro.

OS NEGÓCIOS SÃO O DINHEIRO DOS OUTROS

Esta frase, tornada proverbial, aparece em *A questão do dinheiro*, comédia do escritor francês Alexandre Dumas Filho (1824-1895), também autor de *A dama das camélias*. É pronunciada na cena sete do segundo ato. A frase desagradou um importante banqueiro francês, que atacou o autor pelos jornais. O teatrólogo respondeu com ironia, também pela imprensa: "Quando quiser escrever uma peça honesta, pedirei seus conselhos; quando você fizer uma operação bancária honesta, pedirei ações". Filho natural de Alexandre Dumas (1802-1870), suas obras obtiveram grande sucesso de público, mas algumas foram proibidas várias vezes. As do banqueiro, não.

PAGAR O PATO
Trata-se de expressão que está presente em vários textos de escritores portugueses e no nosso Gregório de Matos (1636-1695), que escreveu esses versos dirigidos a certa mulata: "quem te curte o cordovão/ por que não te dá sapato? / pois eu que te roo os ossos/ é que hei de pagar o pato?" A origem mais remota é uma brincadeira: um pato era amarrado a um poste. A cavalo, galope, o jogador deveria de um só golpe, cortar as amarras. Quem errasse pagaria o pato. Passou a significar algum ato pelo qual pagamos sem conseguir nenhum benefício. Mas há outras versões, igualmente controversas.

PAGAR TIM-TIM POR TIM-TIM
No final do século XIX, uma peça intitulada *Tintin por tintin*, estrelada por uma atriz portuguesa que nela fazia dezoito papéis, teve grande sucesso nos teatros do Brasil. A frase já era famosa por suas ligações com desejos de vingança. Tim-tim é vocábulo onomatopaico para designar o barulho que fazem as moedas ao se chocarem. A expressão, sempre na boca do povo, indicando que todo pagamento deve ser minucioso, usando-se o dinheiro como metáfora, está presente num clássico da literatura portuguesa, *Aulegrafia*, de Jorge Ferreira de Vasconcelos (1515-1583), autor de teatro, mais para ser lido do que encenado. Já As Aventuras de Tintim são quadrinhos do belga Georges Prosper Remi, Hergé (1907-1983).

PAI DA PÁTRIA
Quem primeiro avocou o título de pai foi o primeiro imperador de Roma, Augusto (63 a.C. – 14. D.C.), já recebido do senado romano, entretanto, sem que pedisse, por Cícero (106-43 a.C.), que assim quis identificá-lo como digno de respeito e admiração pelos pósteros. Isso não impediu que

fosse executado por ordem de Marco Antônio e tivesse a cabeça e as mãos expostas no fórum. Este conceito atravessou os séculos e coube ao filósofo inglês Thomas Hobbes (entre os séculos XVI e XVII) definir que nos tempos monárquicos o pai da pátria fosse o rei, embora já tivesse sido aplicado ao rei português Dom Afonso Henriques ainda no Século XII. Receberam este título também os fundadores dos EUA. Nenhum deles foi mais pai da pátria do que o político e militar boliviano Simón José Antonio de la Santísima Trinidad Bolívar y Palacios Ponte-Andrade y Blanco, mais conhecido por Simon Bolívar (entre os séculos XVIII e XIX), pai de muitas pátrias, entre as quais Venezuela, Colômbia, Panamá, Equador, Bolívia e Peru.

PARA INGLÊS VER
Esta frase foi dita pela primeira vez em 1808, quando a família real chegou ao Brasil, ainda colônia. A cidade de Salvador estava iluminada e Dom João VI (1767-1826) comentou que aquela recepção festiva demonstrava aos ingleses, aliados e protetores dos portugueses, que os brasileiros recebiam-no calorosamente. Virou, depois disso, símbolo de burla nacional ou internacional, sempre de grandes proporções, em que são utilizados vistosos aparatos para enganar. Alguns historiadores dizem que a frase pode ter nascido da fingida vigilância com que os navios brasileiros procuravam navios negreiros. Faziam isso apenas para agradar aos ingleses, que haviam proibido o tráfico de escravos.

PARA TUDO SERVEM AS BAIONETAS, MENOS PARA SENTAR-SE SOBRE ELAS
Esta frase é lembrada quando há ameaça ou promessa de intervenção militar na vida política. Se não foi pronunciada pela primeira vez, foi pelo menos escrita originalmente por Emílio Castelar y Rippol, célebre intelectual e político espanhol, na segunda metade do século XIX. Assumindo o poder, em 1873, na jovem República, cuja instalação liderara, encontrou seu país em grandes desordens. De um homem que já fora condenado à morte durante a monarquia, a Espanha recebeu uma contribuição decisiva para organizar-se como nação. A frase está em sua obra *Discurso nas cortes*.

PARIS É UMA FESTA
Esta frase, título de um dos livros de Ernest Miller Hemingway (1898-1962), nasceu de uma delicadeza parisiense. De acordo com o que nos informa a escritora e psicanalista Betty Milan em seu livro *Paris não acaba nunca*, em

1957, depois de uma curta viagem à Espanha, o romancista norte-americano hospeda-se no famoso hotel Ritz. Para sua surpresa, os funcionários lhe devolvem duas malas esquecidas 30 anos antes. Dentro delas estavam os diálogos que escrevera na mesma Paris, entre 1921 e 1926. Outros famosos escritores aprenderam o ofício na mesma cidade, como Henry Miller (1891--1980) e Scott Fitzgerald (1896-1940). Especialmente para estes escritores, a Cidade Luz foi uma festa, pois lá escreveram grandes obras.

PARIS VALE UMA MISSA

Quem pronunciou esta frase pela primeira vez, inaugurando o significado que carregaria pelos séculos seguintes, foi Henrique IV (1553-1619), rei de Navarra e posteriormente da França. Por achar que Paris valia uma missa, abjurou o protestantismo duas vezes, tornando-se católico por conveniência. Primeiro, para casar-se com Margarida de Valois, a rainha Margot (1553--1615), a quem posteriormente repudiou. Escapou do massacre da noite de São Bartolomeu, tornou-se rei da França, voltou ao protestantismo e depois tornou a abjurá-lo por motivos políticos. Morreu assassinado. Paris valeu--lhe outras tantas missas, mas por sua alma. O significado da frase é que vale qualquer sacrifício quando o objetivo é essencial.

PATER FAMILIAS

Esta expressão latina cuja tradução é *pai da família* ou *pai de família* nos veio do Latim antigo, quando o genitivo era formado em "as". Hoje seria *pater familiae*. Tal designação era estratégica para os direitos e privilégios do pátrio poder, por ele exercido, sobre esposa, filhos (de sangue ou adotados), parentes, escravos etc., incluído do direito de matar, desde que respeitadas as leis consagradas nas Doze Tábuas e, mais tarde, as incorporações trazidas pela legislação acrescentada pelo imperador Augusto (63 a. C. – 14 d.C.), segundo as quais o adultério da esposa e a eventual cumplicidade do marido deveriam ser severamente punidos.

PEDI E RECEBEREIS

Essa frase é um conselho dos Evangelhos; na Vulgata, Mateus 7,7-12, em latim: "*pedite, et dabitur vobis*". Quando a proferiu, Jesus estava recomendando a seus discípulos e aos que o ouviam que poderiam sempre recorrer a Deus nos momentos de necessidade, pois seriam atendidos. Uma de suas melhores interpretações foi dada pelo pregador e um dos mais brilhantes nomes da literatura luso-brasileira, o padre Antônio Vieira (1608-1697), no

Sermão da Terceira Quarta-Feira da Quaresma, proferido na capela real de Lisboa, em 1669, em que lamenta ser difícil seguir a recomendação por não sabermos o que está bem ou mal conosco: "O que nos está bem ou mal, só Deus o sabe; todos os mais o ignoramos".

PEGA PARA CAPAR
Nas fazendas, foi costume criar soltos os animais. Depois é que foram feitas cercas, cercados, chiqueiros. Mas os machos precisavam ser capados. Pegá-los para isso resultava em grande confusão. Entre as crianças, os mais velhos, para melhor admoestar os meninos, corriam atrás deles ameaçando capá-los. Novas confusões. E muitos meninos acreditavam...

PEIXE MORRE PELA BOCA
Sempre houve quem falasse demais e morresse pela boca. Nunca tantos como hoje. Como o peixe, muitos estão ansiosos pela isca salvadora e não veem o anzol. Nação costeira, Portugal criou muitos dizeres sobre as lides do mar, depois ampliados e diversificados com a atividade pesqueira nos rios, não apenas na península, mas também nos territórios ultramarinos. É oportuno, então, trazer à baila provérbios e expressões em que está presente a boca. O Latim *bucca*, originalmente bochecha, não propriamente a boca, resultou em boca, ensejando numerosas palavras e expressões: bocado, bocadinho, embocadura, boca a boca, boca da noite, boca de cena (no teatro), boca do estômago. Outras expressões recomendam cautela diante de quem fala à boca cheia ou bate boca com discordantes, para arrebentar a boca do balão, e prescrevem a moderação, recomendando falar à boca pequena ou à boca miúda. Nem sempre é conveniente botar a boca no mundo, que precedeu botar a boca no trombone, uma vez que desde o berço da língua portuguesa, no alvorecer do segundo milênio, já se botava a boca no mundo. Portanto, muito antes da palavra trombone entrar para o Português no século XIX, vinda do Italiano trombone, cujo étimo é tromba, palavra de origem alemã. Aliás, conhecemos a expressão tromba d'água, e o município catarinense de Trombudo Central, ocupado por etnias alemãs e italianas, tem este nome porque rios do lugar ali se encontram formando uma tromba. Pegar alguém com a boca na botija era flagrante dado em malfeitores, meliantes, mas nunca num presidente da República. E recentemente dois ex-presidentes da República estiveram presos pelo que disseram e fizeram no exercício do cargo. O povo é desconfiado e enche a boca para dizer que desafetos falam assim da boca pra fora, mas que na boca do cofre todos eles se entendem e

que falam por falar. Entretanto, a plebe, a patuleia, o populacho e a ralé ou que mais nomes depreciativos tenha o povo celebram que a corja toda dos ladrões da pátria neste instante, como os peixes, morra pela boca. Usaram a boca para protestar e garantiram à mãe gentil que ela é terra adorada e pátria amada e avisaram, não à boca pequena, mas botando a boca no mundo e no trombone: "Verás que um filho teu não foge à luta, nem teme, quem tem adora, a própria morte".

PENSO, LOGO EXISTO
Um dos pilares da ciência moderna, esta frase celebérrima é de autoria do filósofo, matemático e físico francês René Descartes (1596-1650), e coroa seu método, que se baseia no questionamento de todo o conhecimento, restando apenas a certeza daquele que duvida. As contribuições de Descartes estenderam-se também à geometria analítica e à óptica geométrica. Educado por jesuítas, o filósofo teve também experiência militar, lutando na famosa Guerra dos Trinta Anos. Segundo ele próprio, a natureza de sua ciência, exposta no método sintetizado nesta frase, foi mais claramente revelada num sonho que teve em 10 de novembro de 1619. Com seu nome latino, Renatius Cartesius, foi personagem de *Catatau*, um importante romance de Paulo Leminski (1944-1989).

PENTEAR MACACOS
Esta frase, profunda como ofensa, é adaptação brasileira de um provérbio português: "Mau grado haja a quem asno penteia". Na tradição de Portugal, pentear burros e juramentos seria tarefa menor, quase desnecessária. Provavelmente o verbo significava escovar, um luxo para animais de carga. Mas no século XVIII, o animal já havia sido substituído por bugio em Portugal e por macaco no Brasil, tal como aparece em documento de 1756 assinado pelo rei Dom José (1714-1777), que deve ter penteado muitos macacos, já que quem exercia o poder era marquês de Pombal (1699-1782), que, inclusive, transferiu a capital do Brasil de Salvador para o Rio de Janeiro. A expressão está registrada por Luís de Câmara Cascudo (1898-1986) em *Locuções tradicionais do Brasil*.

PONHA AS VERDURAS SOBRE O VASO
Que vaso? O que é vaso em Portugal, o que é vaso no Brasil? Em Portugal não se diz vaso sanitário, se diz sanita. Ao receber a ordem, a empregada doméstica não entendeu que deveria deixá-las sobre a mesa, em forma de vaso

de flores. Poderia entender que se tratava de um vaso de guerra? Tampouco entenderia o que dizem de Nossa Senhora os teólogos: que ela foi um vaso para Jesus Cristo. Em Portugal, vaso pode ser pia. O português vivia no Brasil e surpreendeu a doméstica lavando as folhas no vaso sanitário, e ela, se explicando: "Achei estranho, mas obedeci ao senhor!". O português era Mauro de Salles Villar (1939-), que resolveu fazer um delicioso *Dicionário Contrastivo Luso-Brasileiro!*

PÔR AS MÃOS NO FOGO POR ALGUÉM

A expressão "pôr a mão no fogo por alguém" provém de realmente usar as mãos no fogo como prova. Foi expediente jurídico da Idade Média designado por ordálio ou ordália, palavras vindas do Latim *ordalium* (singular) e *ordalia* (plural). Os antigos romanos trouxeram a palavra do Franco *ordal*, juízo, e o Português já a recebeu do Francês *ordalie*. Um dos mais conhecidos expedientes judiciários deste tipo era realizado do seguinte modo: se alegava inocência de alguma acusação, a pessoa era submetida a pegar uma barra de ferro aquecido até tornar-se vermelha e caminhar por alguns metros com ela na mão. A mão era envolvida em estopa, lacrada com cera. Concluída a prova, o acusado era dispensado até que se passassem três dias, quando então a atadura era desfeita pela autoridade. Se a mão estivesse sem sinal de queimadura nenhuma, estava provada a sua inocência. Se, porém, apresentasse os ferimentos próprios do fogo, estava provada a sua culpa e a vítima era condenada à morte, em geral pela forca. Os sinais de queimadura ou a ausência deles eram interpretados como resultado de julgamento divino. Como estas provas, assim como as execuções, eram espetáculos públicos de grande sucesso de público, quando se tratava de acusado cuja inocência era certa ou fortemente presumida por seus conhecidos ou amigos, dizia-se "por este, eu ponho a mão no fogo". Se a culpa era reconhecida previamente, ou pelo menos pairavam muitas dúvidas da presumida inocência, ouvia-se o contrário: "por este, eu não ponho a minha mão no fogo". Apesar de ser invocado um tribunal divino, de juízo monocrático, proferido por Deus, a Igreja jamais aceitou o ordálio. Desde fins do primeiro milênio, vários papas condenaram esta prática infame: Estevão VI, em 888; Alexandre II, em 1063; Inocêncio III, em 1215. Eles não só proibiram que o clero abençoasse, cooperasse ou endossasse o ordálio com sua simples presença ao rito macabro, como decretou sua substituição por outras duas práticas: o juramento e o testemunho. Antes de ser utilizado o fogo como prova, foi utilizada a água, como se lê na Bíblia. Suspeita de adultério, a mulher era condenada a beber a água da amargura, provavelmente contaminada para puni-la: "Se tiver cometido uma transgressão contra seu marido, a água se tornará amarga, fará inchar seu ventre e consumirá sua coxa. Se for inocente, será livre e conceberá filhos" (Números 5, 27 e 28). Era um sofrimento tão doloroso que a mulher preferia confessar e ser condenada à morte de outro modo. Pegar ferro incandescente, andar sobre braseiros, mergulhar em água suja e beber água contaminada eram algumas práticas de ordálio. Bons observadores de usos e costumes, como escritores atentos, sobretudo cronistas, registraram o concluio entre autoridades corrompidas por culpados ricos ou poderosos, que armavam cena teatral para iludir o populacho, tomando o cuidado de fazer isso à certa distância da multidão para melhor obrarem o engano.

PÔR EM PRATOS LIMPOS

O primeiro restaurante foi aberto na França em 1765. Estabeleceu-se desde o início que a conta seria paga após a pessoa comer, ao contrário do que depois veio a acontecer com os lanches rápidos. Quando o dono ou garçom vinha cobrar a conta e o cliente ainda não havia feito a refeição, os pratos limpos eram a prova de que ele nada devia. A frase passou a servir de metáfora na resolução de conflitos. Quem gostava de pôr tudo em pratos limpos, com "a alma lavada e enxaguada", era o personagem Odorico Paraguaçu, criado por Alfredo de Freitas Dias Gomes (1922-1999) em *O bem-amado* e vivido por Pelópidas Gracindo, mais conhecido Paulo Gracindo (1911-1995).

PRIMEIRO VIVER, DEPOIS FILOSOFAR

Esta frase integra proverbiais sentenças latinas e está registrada em *Leviatã*, livro publicado em 1651, que viria a transformar-se na grande obra do filósofo inglês Thomas Hobbes (1588-1679), um velhinho que teve muito o que nos ensinar. Em seus textos, defendeu a desobediência quando as leis impostas contradizem as leis naturais, mas ao mesmo tempo defendeu o Estado como elemento coercitivo que leva ao bom comportamento dos homens. Foi, assim, um partidário do despotismo político, do materialismo filosófico e do egoísmo moral. Pregou o recurso ao racionalismo contra as imposições vindas de autoritarismos religiosos. Escrevia em latim e se interessava muito por literatura, tendo traduzido para o inglês *a Odisseia*. A frase foi originalmente escrita em latim: "*Primum vivere, deinde philosophare*". Quando Hobbes a escreveu, o fez em em latim, então a língua dos cientistas.

QUANDO NÃO SOMOS INTELÍGIVEIS É PORQUE NÃO SOMOS INTELIGENTES

Frase do grande escritor francês Victor Hugo (1802-1885), autor de romances memoráveis, de grande sucesso de crítica e público. Estreou, porém, com livros de poesias clássicas aos 20 anos. Talvez por ser também poeta, soube conciliar na prosa o interesse dos leitores e o refinamento da linguagem, sem rebaixamento dos padrões estéticos. Entre seus romances mais conhecidos no Brasil estão *Os trabalhadores do mar* e *Os miseráveis*. Era adepto da clareza de estilo, conforme ilustra a frase acima. E o poeta gaúcho Mário Quintana (1906-1994), que traduziu algumas de suas obras, emitiu juízo semelhante: "Quando o leitor não entende o que o escritor escreve, um dos dois é burro".

QUANDO OS REIS ENLOUQUECEM, OS GREGOS APANHAM

Não foram poucas as vezes em que um povo sofreu amargamente por causa das loucuras daqueles que o governavam. A história mostra-nos grandes desastres e humilhações sofridas nas diversas épocas por empreendimentos delirantes em que apenas um homem tomou a decisão, mas todos pagaram pelas consequências. Foi o caso de numerosas guerras que resultaram no sofrimento e na morte de milhões de pessoas. As frases do poeta latino Horácio (65-8 a.C.) foram pronunciadas a propósito da Guerra de Tróia, que durou dez anos, segundo a *Ilíada*, de Homero (século XIX a.C.). Apesar de terem enganado os troianos com o famoso cavalo de madeira cheio de guerreiros, os gregos sofreram muito com essa e outras guerras.

QUE BICHO FOI QUE TE MORDEU?

A história desta frase diz respeito à estranheza que sempre despertou o comportamento surpreendente de alguma pessoa da qual não esperaríamos alteração brusca de humor ou de opinião. Está presente em numerosos autores, mas um dos primeiros a registrá-la foi o escritor francês, muito citado por nossos poetas românticos, Nicolau Boileau-Despréaux (1636-1711), numa de suas sátiras. Mas em francês o bicho era uma mosca, dado que antes de Boileau, a expressão já andava na boca do povo com essa redação: *quelle moucha vous pique?* (que mosca vos pica?). A mudança havida do inseto específico e caseiro para o abstrato bicho pode ter explicações na diversificação de animais presentes em nossa fauna.

QUE SEJA EM NOME DE DEUS
Em nossa civilização ocidental e cristã, Deus nem sempre foi invocado para atos dos quais a humanidade possa orgulhar-se. Muitas barbaridades já foram cometidas em seu nome, apesar de um dos mandamentos ordenar que não seja invocado o seu santo nome em vão, quanto mais para sancionar atos perversos. Um dos piores exemplos de tal inovação está no filme *Em nome de Deus*, dirigido por Clive Donner, cujo tema é a história de amor vivida por Abelardo (1079-1142) e Heloísa (1101-1164), cujos corpos repousam hoje lado a lado no cemitério Pére Lachaise, em Paris. Abelardo tinha 39 anos e Heloísa, sua aluna, 17, quando se apaixonaram perdidamente, tendo vivido linda e trágica histórias de amor. Naquele tempo, as escolas ainda eram anexos das sacristias e era exigida a castidade dos docentes. Culto e inteligente, Abelardo conhecera Heloísa por mãos do tio dela, o cônego Fulbert. Tendo a moça engravidado, Abelardo resolveu abandonar a ordem religiosa e desposá-la. Não havia impedimento nenhum, já que ele não recebera ainda as ordens maiores, mas a família da moça não aprovou a solução. Indignado, o cônego contratou bandidos para prender e castrar Abelardo. Depois de recluso num convento, Abelardo escreveu várias obras de teologia. Denunciando como herético, foi levado a um tribunal presidido por São Bernardo (1090-1153), conselheiro de reis e papas e pregador da Segunda Cruzada. O resultado foi sua condenação. Abelardo recorreu a Roma e morreu durante o julgamento de sua apelação. Quanto a Heloísa, também entrou para um convento, do qual foi madre superiora, tendo vivido ainda 22 anos depois da morte do amado. Nunca mais teve outro amor. Pudera! O primeiro que viveu teve conseqüências terríveis para o amado e, indiretamente, para ela também, claro, já que ainda não havia prótese. O próprio Abelardo narrou seus infortúnios no livro *História das minhas desgraças*. *François Villon* e *Eugene Scribe*, entre outros, escreveram sobre o

tema. Há também diversas biografias desses amantes que protagonizaram uma das mais célebres histórias de amor.

QUEM DÁ AOS POBRES, EMPRESTA A DEUS

Esta frase já era famosa desde a Antiguidade, tendo sido registrada em forma de conselho no texto bíblico dos *Provérbios*. O ficcionista e o poeta francês Victor Hugo (1802-1885), autor de romances memoráveis como *Os miseráveis* e *O corcunda de Notre Dame*, a utilizou como epígrafe em um de seus poemas mais conhecidos, "Para os pobres". Um pouco mais tarde, o poeta Castro Alves (1847-1871) a inseriu numa das poesias de *Espumas Flutuantes*, em que clama por ajuda aos órfãos dos soldados brasileiros mortos na guerra do Paraguai. Foram os verbos do vate baiano que mais contribuíram para a difusão desta frase, outra vez em forma de recomendação humanitária.

QUEM NÃO ESTÁ CONOSCO, ESTÁ CONTRA NÓS

Esta frase nasceu dos Evangelhos. São Mateus, em seu capítulo 12, versículo 30, e São Lucas, no capítulo 11, versículo 23, a registram como tendo sido dita por Jesus, usando os pronomes no singular: "Quem não está comigo, está contra mim". Mas foi o ditador da Itália Benito Mussolini (1883-1945) quem a passou para o plural, proclamando-a num momento decisivo do fascismo e tornando-a lema de suas ações num teatro de Roma, em 1924, dois anos depois de ter subido ao poder. Também os integrantes brasileiros copiaram o dito *duce*, adaptando-o aos seus propósitos, muito semelhantes ao fascismo italiano. Muitos, porém, estavam contra os fascistas. No fim eles ficaram sozinhos e foram vencidos, apesar de terem liderado movimentos capazes de arrebatar multidões. Na Vulgata, em latim: *"Qui non est mecum, contra me est"*.

QUEM NÃO LÊ/ MAL FALA/ MAL OUVE/ MAL VÊ

Na década de 70, famosa advertência varria o país: "quem não lê, mal fala, mal ouve, mal vê." A frase foi atribuída a Monteiro Lobato. Essas frases tornaram-se célebres como lema da Editora Civilização Brasileira, na época dirigida por Ênio Silveira e Mário da Silva Brito. Seu propósito era conclamar os leitores a ler mais, simplesmente, sem nenhuma referência à qualidade dos textos. Se lessem, ouviriam, veriam e falariam melhor. A advertência teve extraordinária receptividade, principalmente entre os novos universitários que passavam a frequentar faculdades recém-criadas, resultado de novos cursos autorizados a funcionar agregados a instituições de ensino superior já existentes, de responsabilidade de ordens religiosas católicas, de outras confissões religiosas, como as adventistas e metodistas.

QUEM NÃO SE COMUNICA SE TRUMBICA
Esta frase é de autoria do maior animador de auditórios da televisão em todos os tempos, um gênio em seu ofício, o médico Abelardo Barbosa, mais conhecido com Chacrinha (1918-1988). Não apenas cunhou a frase, como foi o primeiro a seguir o que ensinava, destacando-se em diversas redes de TV como comunicador de méritos notáveis, sempre imitado e jamais igualado. Sua influência nos meios de comunicação de massa estendeu-se também à língua portuguesa, resultando em alguns neologismos, de que é exemplo o termo chacrete, designando as bailarinas que faziam a coreografia de seus programas.

QUEM VAI PÔR O GUIZO NO PESCOÇO DO GATO?
A história desta frase remonta a uma das célebres fábulas do escritor francês Jean de la Fontaine (1621-1695) e tem aparecido constantemente em situações delicadas. Era muito citada pelo famoso político brasileiro Ulysses Guimarães (1916-1992), que presidia a Câmara dos Deputados quando foi promulgada a atual Constituição, a cada vez que os parlamentares decidiam algo difícil de executar. De acordo com a fábula, os ratos resolvem em assembleia pôr um guizo no pescoço do gato, o eterno inimigo. Assim, eles perceberiam a tempo sua aproximação e fugiriam a cada ataque. Um rato velho, calado durante todo o tempo, endossou o plano, mas fez a pergunta que se tornou famosa, dando conta de que entre as palavras e as ações há uma certa distância, às vezes intransponível.

QUERO QUE VÁ TUDO PRO INFERNO
Esta frase, originalmente expressão de raiva, deu título a uma das mais famosas canções de Jovem Guarda, de sucesso extraordinário nos fabulosos anos 60. Compositores e cantores que integravam aquele movimento musical, mesmo com céu azul e o sol sempre a brilhar, só queriam aquecimento no inverno e que tudo mais fosse pro inferno, já que a boa vida de playboy não impedia que, ao entrar no carro, a solidão doesse no rapaz, já que onde quer que andasse, tudo era muito triste, e não interessava tudo o que de mais existia, pois não suportava mais viver longe da amada e preferia até morrer a viver daquele modo. O cantor e compositor Roberto Carlos foi

um dos principais responsáveis por tornar famoso o verso em que a frase se transformou.

QUOUSQUE TANDEM ABUTERE, CATILINA, PATIENTIA NOSTRA?
Até quando abusarás, Catilina, da nossa paciência?, eis o significado desta frase em latim, proferida pelo grande orador e político Marco Túlio Cícero (106-43 a.C.) no senado romano no Século I a.C. Ele denunciava as conspirações do também senador Luís Sérgio Catilina, que foi questor, pretor e governador, mas não pôde ser nomeado cônsul, como desejava. As Catilinárias são quatro e constituem material didático muito utilizado para ensinar a argumentar, além de documento histórico relevante. Cícero era da ordem equestre, a ordem do cavaleiros, inferior à ordem senatorial, constituída de pessoas que andavam a cavalo. Era casado com Terência e morreu assassinado.

RASGAR SEDA
A sabedoria popular costuma resumir seus ensinamentos em ditos e provérbios, quase sempre ligados a acontecimentos da vida cotidiana, mas sua permanência na memória depende dos registros escritos. Com a frase acima, não se deu diferente. Foi sempre sinônimo de elogios exagerados e está presente numa das comédias do fundador do teatro de costumes no Brasil, o dramaturgo Luís Carlos Martins Pena (1815-1848), em cena na qual um vendedor de fazendas vai à casa de uma moça para cortejá-la e, como pretexto, oferece-lhe algum dos panos "apenas pelo prazer de ser humilde escravo de uma pessoa tão bela". Retruca a moça: "Não rasgue a seda, que esfiapa-se". Como a seda era um tecido delicado, a mãe da moça não usou como metáfora o brim ou o riscado, tecidos impróprios à comparação, por não serem finos como os modos do rapaz.

RA-TIM-BUM
RA-TIM-BUM, às vezes antecedida de "É hora, é hora, é hora!" Ou ainda a variação "É pique, é pique, é pique! ", dita também "é big, é big, é big" surgiu na década de 30 do século XX, num boteco frequentado pelos estudantes de Direito da USP. Eduardo César Vita Marchi conta que eles tinham que aguardar que as cervejas fossem resfriadas em barras de gelo. Quando os garçons traziam à mesa a nova remessa, pela qual haviam esperado, era hora de beber e celebrar. Por aqueles anos um rajá indiano visitou a Faculdade, Era muito simpático e bonachão, e seu nome soava como Ra-tim-bum. Em 1938, a expressão, já alterada, como ocorre em criações colectivas, foi parar na marchinha Touradas em Madrí, de Alberto Ribeiro a João de Barros: *"Eu fi às touradas de Madrí/ Parará-tim-bum, bum/ E quase não volto mais aqui."* A seguir, colocam Catalunha na história só para rimar com unha:

"Eu conheci uma espanhola/ Natural da Catalunha/ Queria que eu tocasse castanhola/ E pegasse touro à unha/ Caramba! Caracacoles!/ Sou do samba/ Não me amoles/ Pro Brasil eu vou fugir".

RICO RI À TOA

É provável que esta frase tenha sido cunhada no Rio de Janeiro, dada a conhecida verve dos cariocas. Transformada mais tarde em bordão de programas de rádio e televisão, foi também título de um filme. Um de seus registros mais notáveis foi feito pelo jornalista e poeta Paulo Mendes Campos (1922-1991) nos anos 40, ao receber uma foto do presidente Getúlio Vargas (1883-1954) para legendar. Como de hábito, Vargas estava sorrindo, enquanto nas rádios tocava conhecida marchinha que dizia: "Bota o retrato do velho outra vez/ bota no mesmo lugar/sorriso do velhinho faz a gente trabalhar". Ao ver sua foto com legenda "Rico ri à toa", o próprio presidente achou graça no feito do poeta-jornalista.

RIPA NA CHULIPA E PIMBA NA GORDUCHINHA

Esta frase foi criada pelo locutor esportivo Osmar Santos (1949-), um dos mais criativos narradores de jogos de futebol. Inconformado com os modos tradicionais de transmitir partidas, ele foi inventando expressões que logo caíam na boca do povo. No caso, apesar da complexidade da frase, todos entendem seu significado: chute dado na bola com a parte exterior do pé. Não se sabe onde o famoso locutor se inspirou para criar a frase, mas é provável que tenha juntado ripa, sinônimo de sarrafo, com chulipa, sinônimo de dormente de ferrovias, para designar a forma de se chutar a gorduchinha, isto é, a bola. Osmar Santos estava sendo preparado para estrear o programa de auditório que acabou sendo entregue a Fausto Silva (1950-), também nascido no interior de São Paulo. Osmar Santos teve sua carreira interrompida quando o automóvel que dirigia foi abalroado por um caminhão dirigido por um motorista bêbado. O acidente causou-lhe várias sequelas cerebrais e ele perdeu as funções de fala, recuperando mais tarde a capacidade de falar poucas palavras.

SABER É PODER
Caiu na boca do povo esta frase que dá conta dos poderes do saber. Foi originalmente escrita pelo filósofo e chanceler inglês Francis Bacon (1561--1626), um dos criadores do método experimental nas ciências. Foi ele quem tornou a pesquisa independente do princípio da autoridade e do método dedutivo ao formular sua teoria da indução. No século XVI, as finalidades sociopolíticas do saber não eram tão óbvias como atualmente, sendo o filósofo um precursor nessa questão, dando importância social aos conhecimentos científicos. Foi frase especialmente significativa no Brasil contemporâneo, já que o saber era e estava no poder com o sociólogo Fernando Henrique Cardoso (1931-), sucedido por Lula da Silva (1945-), que dizia não gostar de ler.

SAIR À FRANCESA
O significado desta frase é sair de uma festa ou cerimônia sem se despedir. Pode ter origem em costume francês ou na expressão "saída franca", indicando mercadorias sem impostos, que não precisam ser conferidas. Como os franceses primam justamente pela etiqueta, não concordaram com a frase e a mudaram para "sair à inglesa". Alguns pesquisadores situam o surgimento da expressão na época das invasões napoleônicas na Península Ibérica (1810--1812), mas o escritor português Nicolau Tolentino de Almeida (1740-1811), cuja poesia satírica visava aos usos e costumes de Lisboa, registrou-a muito antes nestes versos: "Sairemos de improviso/ despedidos à francesa".

SÃO TODOS FARINHA DO MESMO SACO
Esta frase, que tem o fim de desmascarar pessoas que fingem ser o que não são, nasceu de uma metáfora que compara os homens ao trigo e seus

derivados. A farinha de boa qualidade é posta em sacos separados para não ser confundida com a de qualidade inferior. Quando indivíduos falsos se arrogam em críticos severos de outros de quem podem ser na verdade cúmplices, sócios ou amigos, surge esta frase para dar conta de que não há diferença entre eles. Originalmente apareceu em latim: "Homines sunt ejusdem farinae" (são homens da mesma farinha). O famoso escritor francês Honoré de Balzac (1799-1850) usa a expressão com frequência em seus romances: "C'est sont des gens de la même farine", que em português foi traduzida com leve alteração.

SARILHO DE LICEUS NA CANTABRÍGIA

Esta frase foi manchete de jornal em Lisboa. Eles queriam noticiar REVOLTA ESTUDANTIL EM CAMBRIDGE, famosa universidade que fica na cidade de mesmo nome, na Inglaterra. Dá uma confusão danada porque temos a famosa universidade privada M. I.T. Diz-se (eme, ai, ti) iniciais de Massachusetts Institute of Technology, que fica em Cambridge, cidade vizinha a Boston, em Massachussets, nos EUA. Sarilho veio do Latim *sericulum*, tranca de porta, pedaço de pau, vara. Passou a sinônimo de bagunça por dois motivos: (1) nas bagunças, portas são arrombadas, destrancadas; (2) varas, paus ou ferros em X ou em tripé servem para poiar espingardas, fuzis etc. Ensarilhar armas e prepará-las para serem usadas. Liceu, no Brasil já meio em desuso, veio do Grego *Lykeios*, segundo nome do deus Apolo, e designava em Atenas o local onde Aristóteles ensinava no séc. IV a.C. Assim como academia veio do nome de *Akademos*, estátua do herói de mesmo nome que havia no jardim por onde ele passeava com os seus discípulos para dar aulas.

SCIENTIA VINCES

Quer dizer *com a ciência vencerás*. É o lema da USP, a maior universidade brasileira, e de muitas universidades e instituições mundo afora. Lemas de outras universidades ensejam outras reflexões. As universidades tradicionais, como é o caso da Harvard, nasceram de cursos de Teologia, sem contar que até o século XVIII era o Latim a língua da ciência, como é agora o Inglês desde há algumas décadas. Não se estranhem tantos lemas em latim nas universidades, uma vez que palavras, frases, provérbios e expressões latinas estão presentes em muitas outras instituições referenciais. O lema de São Paulo, potência econômica do Brasil, é *Pro Brasilia fiant eximia* (Pelo Brasil sejam feitas as melhores coisas) e o do município de São Paulo é *Non ducor duco (Não sou conduzido, conduzo).* Soa quase deboche o lema do estado Rio de Janeiro, onde os governadores mais recentes estão presos ou já estiveram presos: *Recte rem publicae gerere (Gerir a coisa pública com correção).* A verdade, porém, é difícil de descobrir, ainda mais depois que se tornaram tão complexas as ferramentas para ocultá-la. Mesmo por trás de intenções tão bonitas como os lemas, às vezes estão escondidas inverdades ou deslavadas mentiras, associadas preliminarmente a más intenções de roubar, corromper e lavar dinheiro nos projetos de vida de muitos políticos brasileiros, que inclusive formaram dinastias e organizações criminosas para atingir seus fins. Diferentemente do que é informado sobre a estátua de John Harvard no campus da Universidade Harvard, ele não foi o fundador da *college*, nome inglês para faculdade, que então mudou para *university*; ele apenas doou cerca de quinhentos livros à instituição. A inscrição na estátua informa que a universidade foi fundada em 1638, mas a data correta é 1636. John Harvard não está representado na estátua. O escultor Daniel Chester French (1850--1931) criou a figura dois séculos depois, utilizando de modelo um aluno chamado Sherman Hoar. É de French também a monumental estátua do presidente americano Abraham Liconln (1809-1865), de elevada estatura, 1,93 m, assassinado num teatro, como se sabe. Com a ciência venceremos, mas seu principal mérito é aceitar que tudo o que descobre ou consolida pode ser permanentemente corrigido.

SE A MONTANHA NÃO VEM A MAOMÉ, MAOMÉ VAI À MONTANHA

Esta frase foi originalmente dita pelo fundador do Islamismo, o profeta Maomé (571-632). Significa preferir o simples ao complicado. Durante 15 anos, este grande líder refletiu sobre o projeto de organizar todos os árabes sob rígidas leis, combinando religião, política e moral. Converter a muitos, mas teve também que enfrentar inimigos poderosos, refugiando-se em Medina, no ano 622. Essa fuga, chamada de Hégira, marca o começo da Era Muçulmana. A frase foi pronunciada quando tentava converter um grupo de árabes e esses o desafiaram a mover a monte Safa para dentro de si. Maomé tentou e, não conseguindo, foi até a montanha, acrescentando ter sido graça de Deus não ter conseguido o milagre, pois, ao mover-se, a montanha mataria a todos ali reunidos.

SE DUVIDAS DE TI MESMO, JÁ TE VENCERAM ANTECIPADAMENTE

Esta frase é de autoria do famoso dramaturgo e poeta norueguês Henrik Johan Ibsen (1828-1906), que escreveu célebres peças de teatro, várias delas encenadas também no Brasil, como *Peer Gynt*, *Casa de bonecas* e *O pato selvagem*. Depois de muito trabalho e de ele perambular por várias cidades europeias, seus escritos tiveram influência decisiva na cultura ocidental, a ponto de seu nome prestar-se ao estabelecimento do ibsenismo, atitude intelectual marcada pela condenação das hipocrisias sociais, que encontraram em seu teatro realista e moderno a sua melhor expressão artística. O dramaturgo teve uma vida atribulada. Ainda que não houvesse a estrutura da casa-grande e da senzala na Noruega, aos 18 anos ele teve um filho ilegítimo com uma das empregadas de sua família.

SE NÃO É VERDADE, ESTÁ BEM INVENTADO
"*Se non è vero, è molto ben trovato*", expressão registrada originalmente pelo filósofo Giordano Bruno (1548-1600), em *De gl'eroici furori*, comentando afirmação verossímil ou narrativa bem construídas, mas que podem não ser verdadeiras. Giordano Bruno foi queimado vivo aos 52 anos em fogueira erguida no Campo das Flores (talvez, mercado das flores) em 17 de fevereiro de 1.600, no centro de Roma, onde desse 1889 está ali um monumento em sua homenagem, erguido pelos maçons. Paradoxalmente, presidiu ao julgamento que o condenou à morte de modo tão cruel o papa Clemente VIII (1536-1605), nome adotado pelo então cardel Ippolito Aldobrandini, de profissão advogado e o primeiro papa a beber café, que seus conselheiros queriam que ele proibisse. Mas ele experimentou e disse: "A bebida de Satanás é tão deliciosa que seria uma pena deixar que os infiéis tivessem uso exclusivo dela". Porque lhe parecesse melhor para as pessoas do que as bebidas alcoólicas, ele abençoou a bebida".

SER HOMEM DE BOA-FÉ
No capitólio romano havia o templo da *Bona Fides*, Boa Fé, cuja festa era celebrada a 1º· de outubro. Transações privadas precisavam ter *fides publica*, fé pública, que garantia a convivência social mediante a confiança que os cidadãos deveriam ter uns nos outros. Os que ali faziam promessas e depois as descumpriam, ainda antes da sistematização do direito, eram pessoas de má-fé, expressão que atravessou os séculos e ainda é usada. Já ser homem de boa-fé é ser pessoa de bem, em cuja apalavra se pode confiar, ainda que designe também o homem simples, que em sua boa-fé pode ser enganado pelo de má-fé. Marco Túlio Cícero (106-43 a.C.) registrou a expressão numa de suas famosas orações.

SETE É CONTA DE MENTIROSO

Ditos populares, expressões e provérbios com números apresentam verdadeira obsessão pelo número sete. Pintar o sete, bicho de sete cabeças, guardado a sete chaves, enterrado a sete palmos, as sete notas musicais, no sétimo dia Deus descansou da criação do mundo, os sete pecados capitais, os sete sacramentos, as sete maravilhas do mundo antigo, as sete cores do arco-íris, os sete dias da semana, os sete sábios da Grécia antiga, Branca de Neve e os sete anões, o gato tem sete vidas, as sete virtudes (três teologais e quatro cardeais), perdoar setenta vezes sete etc. Alguns dos motivos de tais predileções não podem ser rastreados, uma vez que se perdem na noite dos tempos, antes da escrita. No ambiente bíblico, o número sete comparece aleivoso e sutil. Mas por que o sete é conta de mentiroso? Provavelmente o ditado, que veio da tradição hebraica, deveria ter outra redação: sete é a conta *do* Mentiroso, uma vez que Mentiroso, variação de Caluniador e Acusador, é um dos cognomes de Satanás. Em suas contas, o Mentiroso dá deslavada preferência pelo sete. Mateus e Lucas, dois esplêndidos narradores, fazem este registro, cada um deles a seu modo: "*Quando é expulso, um espírito imundo volta com outros sete espíritos piores do que ele, e passam a viver ali. E o estado final daquele homem torna-se pior do que o primeiro*". Bem, neste caso são então oito. Os evangelistas Marcos e Lucas, quando se referem a Maria Madalena, não deixam de recordar: "*aquela de quem Jesus expulsou sete demônios*". A samaritana tivera cinco maridos, vivia com um homem que não era o seu marido, e uma atmosfera amorosa com o Mestre dá a entender que ele poderia ser o sétimo. Ainda que profira, não apenas sete ou setenta vezes, a recomendação bíblica é perdoar setenta vezes sete, isto é, sempre.

SIGAM-ME OS QUE FOREM BRASILEIROS

Esta frase foi pronunciada por Luís Alves de Lima e Silva, o duque de Caxias (1803-1880), patrono do Exército brasileiro, em momento dos mais dramáticos e decisivos da Guerra do Paraguai, a Batalha de Itororó, em 4 de dezembro de 1866. Era vital para as tropas aliadas atravessar o rio Itororó, mas os paraguaios infligiam numerosas baixas aos brasileiros. À beira da derrota, Caxias desembainhou a espada, gritou a frase com entusiasmo descomunal, tomou a dianteira, atravessou a ponte, acompanhado por toda a tropa, e venceu a batalha. As perdas brasileiras foram de 1864 homens, entre os quais havia 45 oficiais. Os restos mortais do Duque de Caxias e de sua esposa, Ana Luísa de Loreto Carneiro Viana (1816-1874) estão no

Panteão Duque de Caxias, na Avenida Presidente Vargas, no Rio. Ali estão também alguns objetos pessoais do pacificados, entre os quais o sabre que recebeu de homenagem por ter sido o comandante-em-chefe das tropas brasileiras na Guerra do Paraguai.

SIMILIA SIMILIBUS CURANTUR
Esta frase quer dizer que os semelhantes são curados pelos semelhantes e é atribuía ao fundador da homeopatia, o médico alemão Samuel Hahnemann (1755-1843), cujo pai era pintor de porcelana e não conseguiu que seu filho seguisse a profissão. Médico e bibliotecário, Hahnemann casou-se com a filha de um farmacêutico. Ele não vivia da medicina, mas de seus trabalhos como tradutor e seu lema contrariou a medicina alopática tradicional, que assegurava o contrário: *contraria contrariis curentur (que cada coisa seja tratada com o seu contrário)*. A vacina segue o princípio *Similia similibus curantur*.

SOMENTE O TRABALHO GARANTE À MULHER UMA LIBERDADE COMPLETA
Os anos de pós-guerra trouxeram um novo olhar sobre as mulheres. Para as mudanças que se seguiram foi fundamental a reflexão da própria mulher sobre a condição feminina e suas sutis complexidades. Os novos reconhecimentos sociais obtidos pelas lutas femininas levaram e uma redefinição dos papéis ocupados pelas mulheres em fábricas, empresas e universidades. A francesa Simone de Beauvoir (1908-1986), autora desta frase, foi uma das principais responsáveis pelas novas conquistas, exercendo influência decisiva sobre homens e mulheres com seus livros e seu estilo de vida. Reconhecida como romancista, foi, porém, com um audacioso estudo sobre a mulher, *O segundo sexo*, que obteve sucesso internacional.

SUJE-SE GORDO
Espelhando um Brasil que demorava a mudar suas estruturas, Machado de Assis (1839-1908) escreveu romances e narrativas curtas, estas em forma de contos ou crônicas, dando os indícios, com a conhecida sutileza e sofisticação, dos movimentos subterrâneos que anunciavam as mudanças que a outros tantos pareceram abruptas, repentinas. Não eram. Estavam sendo preparadas há muito tempo. Num conto, intitulado *Suje-se gordo*, a narração é feita pelo presidente do conselho de um júri. Diz ele: *"O primeiro réu que condenei, era um moço limpo, acusado de haver furtado certa quantia, não grande, antes pequena, com falsificação de um papel"*. Um dos jurados, o

mais exaltado em condenar, perora nestes termos, dando o título do conto: "*O crime está mais que provado. O sujeito nega, porque todo o réu nega, mas o certo é que ele cometeu a falsidade, e que falsidade! Tudo por uma miséria, duzentos mil-réis! Suje-se gordo! Quer Sujar-se? Suje-se gordo!*". Já o narrador invoca mais de uma vez a recomendação do Evangelho: "*Não queirais julgar para que não sejais julgados*". Passa-se o tempo e vem outro júri em que o réu não se sujou por quatro patacas, mas por cento e dez contos, uma enorme quantia para a época. Uma carta de sua lavra torna evidente o crime. Os jurados são doze. Nove deles votam pela absolvição. Apenas dois acompanham o voto do narrador para condená-lo.

SURDO COMO UMA PORTA
Embora as portas sejam surdas, as paredes têm ouvidos. O escritor romano Festus (Século IV) registra costume, denominado *occentare ostium* (injuriar a entrada, a porta), que vigorou ainda por vários séculos durante a era cristã. No Brasil pode ter havido influência das cancelas e portões cujos gonzos emperravam e impediam o som das portas, que era o sinal de que estavam funcionando bem. Porta surda era aquela que não podia ser aberta, a não ser com muita dificuldade. O poeta brasileiro Alberto de Oliveira (1857--1937) atribuiu sentimentos e inteligência às portas no soneto. "A vingança da porta". Os ingleses acham que surda é apenas a maçaneta: "deaf as a door knob". E os franceses, sempre preocupados com a culinária, dizem "sourd comme um pot" (surdo como uma panela).

TAL PAI, TAL FILHO
Esta frase sintetiza a sabedoria popular de que os filhos reproduzem qualidades e defeitos dos pais. Muito antiga, já aparece no canto III de *Os Lusíadas*, o mais famoso poema de toda a literatura de língua portuguesa, da autoria de Luís Vaz de Camões (1524-1580). Ao inserir a frase nos seus versos, o poeta quis dizer que Dom Afonso Henriques (1110-1185), o primeiro rei de Portugal, herdara a coragem de seu pai, que participara da Primeira Cruzada, cujo fim era retomar o Santo Sepulcro das mãos dos turcos. Algumas variações da mesma frase estão presentes em diversas línguas, com o mesmo significado.

TEM PAI QUE É CEGO
Esta frase tornou-se famosa por expressar a superproteção paterna que impede o pai de ver o que realmente se passa com seus filhos. Consolidou-se em programa de televisão do jornalista, ator, humorista e escritor José Eugênio Soares, mais conhecido como Jô Soares (1938-), que representava o pai excessivamente indulgente com seu filho. Com sua verve habitual, Jô encarnava um personagem que não via certas tendências do rebento, apesar de o comportamento do filho demonstrar o contrário do que apregoava. Durante muito tempo foi divertido bordão dos programas *O planeta dos homens*, *Veja o gordo*, *Viva o gordo*. Atualmente Jô, que consegue conciliar humor com refinamento cultural e popularidade, apresenta o *Programa do Jô*, na Globo.

TEMO O HOMEM DE UM LIVRO SÓ
Timeo hominem unius libri, temo o homem de um livro só, frase de Santo Tomás de Aquino mudou de sentido. Originalmente, definia um homem

sábio, que conhecesse a fundo um livro apenas, fazendo dele um adversário de difícil combate por muito conhecer do livro que dominasse. Com o tempo passou a indicar indivíduo de parcos saberes, cujos argumentos limitam-se a livro solitário de um único autor.

TEMPO É DINHEIRO

Esta frase, emblema do capitalismo moderno, e cada vez mais atual, dada à rapidez dos processos econômicos, principalmente pelo avanço da informática, foi atribuída ao jornalista, físico, político e filósofo norte-americano Benjamim Franklin (1706-1790), inventor do pára-raios. Homem de vasta leitura, ele pode ter lido no filósofo grego Teofrastos (372-288 a.C.), autor de mais de 200 obras, espalhadas por quase 500 volumes, que disse coisa semelhante: "o tempo custa muito caro". Como todo escritor antigo, não recebeu direitos autorais. Para ele, tempo foi livro e não dinheiro, daí ter sido tão caro. Escreveu, em média, um volume a cada dois meses sem nada receber. Poderia ser o patrono de certos editores.

TER CARRADAS DE RAZÃO

Quando consideramos nossos argumentos mais que suficientes, usamos essa expressão para reiterar que estamos certos. A origem dessa frase vincula-se ao carro de bois como meio de transporte, usado em Portugal e no Brasil nos tempos em que predominava a economia agropecuária. O carro servia também como medida de capacidade: carro de lenha, carro de milho. O naturalista francês Auguste de Saint-Hilaire (1779-1853), que tanto se ocupou do Brasil, colheu a expressão e a registrou no livro Viagens pelo Distrito dos Diamantes e Litoral do Brasil.

TODA VERDADE DEVE SER REINVENTADA

Esta frase é do psicólogo e educador suíço Jean Piaget (1896-1980). Suas teorias sobre o desenvolvimento do pensamento e da linguagem no homem tiveram efeitos profundos na educação neste século. Dono de inteligência deslumbrante, publicou os resultados de sua primeira pesquisa aos 10 anos e aos 22 já era doutor em biologia. Sua obra inclui a publicação de 70 livros e 300 artigos. Aos que perguntaram de onde tirava tempo para escrever tanto, respondia que não precisava ler Piaget. Era uma forma bem-humorada de reconhecer que seus escritos eram de leitura indispensável.

TODO PODER EMANA DO POVO E EM SEU NOME É EXERCIDO
Estas frases compõem o primeiro parágrafo de várias Constituições brasileiras e estão presentes também na que está em vigor, promulgada a 5 de outubro de 1988, que substituiu a de 1967, maculada por atos institucionais. A primeira foi outorgada em 1824 por Dom Pedro I (1798-1834). A seguinte, de 1891, já foi republicana e pautou-se na dos Estados Unidos, em que o presidente é figura com mais poderes do que um imperador. Seguiu-se a de 1934, substituída pela de 1937, outorgada por Getúlio Vargas (1883-1954). A de 1988, como a de 1846, foi fruto de uma Constituinte. As fases lembram que os poderosos estão em seus cargos a serviço do povo.

TRISTEZAS NÃO PAGAM DÍVIDAS
Esta frase já fora registrada no século XVII, mas tornou-se ainda mais popular nos anos 40 deste século quando o famoso ator, compositor e comediante Oscar Lourenço Jacinto da Imaculada Conceição Tereza Dias, mais conhecido como Oscarito (1906-1970), o rei das chanchadas da lendária companhia cinematográfica Atlântica, estreou um filme com este título. Era a primeira das 35 comédias musicais em que atuou. O sentido da frase é que as pessoas em dificuldades financeiras não devem entristecer-se. O povo brasileiro acolheu este provérbio com nenhum outro. Somos um povo alegre e devemos uma barbaridade. Somados, nossas dívidas externa e interna passam dos 400 bilhões de dólares.

TUDO COMO DANTES NO QUARTEL DE ABRANTES
Quando as tropas de Napoleão Bonaparte (1769-1821) invadiram Portugal, comandadas pelo general Junot (1771-1813), tomaram o quarte de Abrantes, localidade perto de Lisboa, e todos esperaram o pior: saques, roubos, estupros etc. Mas o general era civilizado e manteve a disciplina, como dantes, sinônimo de antes. Daí a expressão passou a designar a situação que não muda! Só que mudou de sentido: se não muda, é ruim! Não é bom como o foi quando da invasão francesa e passou a designar o que precisa mudar e não muda.

TUDO NOS TRINQUES
Estar nos trinques ou andar nos trinques significa vestir-se com elegância. Alguns pesquisadores deram como origem a palavra francesa *tringle*, cabide, que no Brasil passou a ser pronunciada e grafada como trinque, significando o móvel em que os alfaiates penduram as roupas já prontas que os clientes

ainda não vieram buscar. Com o sentido de vestir-se com apuro, aparece no causo "Contrabandista", do livro *Contos gauchescos e lendas do Sul*, de Simões Lopes Neto (1865-1916): "Surgiu dum quarto o noivo, todo no trinque, de colarinho duro e casaca de rabo". Mas é possível que tenha havido mistura com o também francês *trinquer*, brindar tocando os copos, já que em tais ocasiões as pessoas estariam bem vestidas. Em *Direito por linhas tortas*, de Joaquim José da França Júnior (1838-1890), o personagem Feliberta recebe a seguinte recomendação: "Hás de andar no trinque, metendo inveja a essas sirigaitas, que não te chegam aos calcanhares".

ÚLTIMA FLOR DO LÁCIO, INCULTA E BELA

Esta frase, utilizada para denominar a língua portuguesa, é o primeiro verso de um célebre poema de Olavo Bilac (1865-1918), cujo nome completo forma um decassílabo: Olavo Brás Martins dos Guimarães Bilac. A flor é a língua portuguesa, a última das filhas do latim. É inculta por descuido de seus filhos, mas é bela porque todos reconhecem a delicadeza de suas expressões, principalmente na fala, dadas as contribuições que recebeu dos novos falantes de além-mar, no Brasil, como na África e na Ásia. A região do Lácio, localizada às margens do mar Tirreno, na Itália, foi subjugada pelos romanos no século IV a.C. Uma boa mostra de quanto a última flor do Lácio continua inculta são os programas apresentados no rádio e na televisão, no horário eleitoral.

UM É POUCO, DOIS É BOM, TRÊS É DEMAIS

Esta frase foi popularizada em famosa canção de Heckel Tavares (1896-1969), intitulada *Casa de caboclo*. Os versos dizem "numa casa de caboclo, um é pouco, dois é bom, três é demais". Autor de cerca de cem canções, o compositor soube como poucos conciliar o erudito e o popular, tendo obtido reconhecimento de crítica e público, no Brasil raramente combinados, por seus trabalhos musicais. Mas o sentido da frase, não sua forma, tem raízes bem mais antigas. Tanto a Bíblia como o Talmude advertem que três pessoas já constituem um grupo grande demais para discutir assuntos íntimos. E um provérbio inglês declara que três são multidão (*three is a crowd*). Também na Itália e em Portugal circulam frases com sentido semelhante.

UM GÊNIO COMPÕE-SE DE 2 POR CENTO DE TALENTO E 98 POR CENTO DE TRABALHO
Esta frase, que depois passou a ser citada com frequência, foi originalmente pronunciada pelo célebre músico a compositor alemão Ludwig van Beethoven (1770-1827), que deu boas razões para passarmos a acreditar em seu famoso provérbio. Com efeito, mesmo sendo o gênio que era, trabalhou duramente para nos embevecer e deixou uma obra musical que inclui 32 sonatas para piano, 17 quartetos, 9 sinfonias, 5 concertos para piano e 1 para violino, sem contar sua célebre ópera *Fidélio*, a *Missa solene* e diversas aberturas. O grande músico, que tanto trabalhou, teve ainda que enfrentar uma surdez que o atacou muito cedo.

UMA ANDORINHA NÃO FAZ VERÃO
Esta frase, que traz em sua origem a necessidade de cooperação entre todos, tornou-se ainda mais popular depois do carnaval de 1934, quando foi verso-título de uma das célebres marchinhas de Lamartine de Azevedo Babo (1904-1963), com melodia do também famoso compositor, cantor e autor de roteiros cinematográficos, Carlos Alberto Ferreira Braga (1907-2006), um carioca mais conhecido sob os pseudônimos de João de Barro e Braguinha. Apesar da letra lírica, mas irônica, a música tinha um tom já nostálgico naqueles anos: "O povo anda dizendo que esta luz do teu olhar a Light vai mandar cortar". Os dois compositores dominaram os carnavais brasileiros por várias décadas, sendo autores de muitos outros sucessos.

UMA NO CRAVO, OUTRA NA FERRADURA
Esta frase traz a palavra 'batida' oculta em duas elipses, visto que se trata de alternar as pancadas. Sua origem remota está no ato de ferrar os cavalos, dado que as ferraduras são fixadas nos cascos por meio de cravos, que entram nas unhas dos animais à força de marteladas. Em sentido metafórico, porém, a expressão é empregada como sinônimo de imparcialidade, principalmente nas críticas. O escritor José de Alencar (1829-1877), nascido no Ceará, definiu a política de Dom Pedro II (1825-1891) com esta máxima, registrando-a numa passagem de *A guerra dos mascates*. Outros estadistas empregaram a mesma frase para resumir suas ações. E muitos a empregaram sem registrá-la.

URBI ET ORBI
Designa benção do papa à cidade (urbi) e ao mundo (orbi), isto é, à cidade e ao mundo. Por cidade, subentende-se Roma, a capital da cristandade há

dois milênios. A bênção é dada da varanda da Basílica de São Pedro e o Sumo Pontífice, para cuidar das almas, invoca um time superior a qualquer junta médica, por mais qualificada que seja: os Apóstolos Pedro e Paulo, a Virgem Maria, São Miguel Arcanjo e São João Batista, concluindo com a clássica fórmula: *"Que a bênção de Deus Todo Poderoso, o Pai, o Filho e o Espírito Santo, desça sobre vós e permaneça sempre. Amém"*. A bênção é dada apenas em três ocasiões, por norma: no dia da eleição de um novo Papa, logo depois do resultado do Conclave; no dia de Natal; no dia da Páscoa. Mas em 2020 foi dada também no dia 27 de março por causa da peste do coronavírus. A fórmula 'Urbi et Orbi' remonta ao Império Romano, que fazia suas proclamas saudando a cidade de Roma e o mundo. Foi o papa Gregório X (1271-1276 o primeiro a dá-la. As doações do Constantino., o Grande, fizeram da Igreja a sucessora do império. Quando o arquidiácono impunha o manto sobre o Pontífice dizia: "Investio te de papatu romano, ut praesis urbi et orbi" (*"Invisto-te do papado romano, para que presidas a cidade e o mundo"*).

VÁ PLANTAR BATATAS

A origem desta frase é portuguesa. Antigamente, em Portugal, país mais voltado às navegações e à pesca, a agricultura, conquanto fornecedora de alimentos básicos, era vítima de certo desdém. Algumas de suas culturas eram ainda mais depreciadas, como era o caso da batata, que demorou a entrar para a culinária portuguesa e brasileira. Era tida como alimento vulgar, e que se dedicasse a plantar batatas estava se sujeitando a uma atividade desqualificada. A expressão aparece registrada em *O povo português*, obra do famoso poeta, folclorista e político lusitano Teófilo Braga (1843-1924), comentando a decadência das pequenas indústrias, ocasião em que trabalhadores qualificados, de repente sem emprego, foram aconselhados a plantar batatas.

VÁ TOMAR BANHO

A origem desta frase, que é pronunciada como ofensa no Brasil, pode estar vinculada à concepção de que a higiene tem muito a ver com a virtude, assim como a sujeira com o pecado. Sujo é um dos nomes do diabo. Não somente pecados, mas também crimes e erros são qualificados como sujeiras. Ao contrário de nossos primeiros colonizadores, arredios ao banho, os índios dessas plagas sempre cultivavam a higiene pessoal. A frase, dita em desabafo ou em reprimenda, inscreve-se na tradição geral que considerava o banho como a condição prévia ao recebimento de algum favor, insígnia, distinção. Foi considerado tão importante lava-se que o rei inglês Henrique IV (1367-1413) criou a *Ordem do Banho*.

VEM QUENTE QUE EU ESTOU FERVENDO

Esta frase é o verso-título de uma das famosas músicas de Erasmo Carlos. Autor de conhecidos sucessos, ele era um dos reis do iê-iê-iê, os fervorosos adeptos do rock, renovação musical que iria mudar os costumes do mundo e do Brasil nos fabulosos anos 60 e 70, com suas canções e baladas. Erasmo, toda a Jovem Guarda e seus numerosos fãs achavam a maior brasa desfilar pelas ruas montados em lambretas ou calhambeques, paquerando mocinhas que vestiam calças saint-tropez. Quem tem mais de 30 anos, é testemunha ocular – e sobretudo auditiva – dessas histórias. Quem tem menos, é só perguntar aos pais, tios, avós. Ou juntar-se a eles para ouvir os lançamentos comemorativos.

VENCEREIS, MAS NÃO CONVENCEREIS
Esta frase, que depois se tornaria mais que famosa, lendária, foi pronunciada pelo professor e escritor espanhol Miguel de Unamuno (1864-1936), então reitor da Universidade de Salamanca, em outubro de 1936, interrompendo o discurso de um general franquista que deu o seguinte viva: "Morra a inteligência!" O magnífico surpreendeu a todos, principalmente os que aplaudiam o militar, pronunciando a frase e acrescentando: "Este é o templo da inteligência e eu sou seu sumo sacerdote. Vencereis porque tendes força bruta, mas não convencereis porque convencer significa persuadir e para isso necessitais algo que não tendes: razão e direito". O reitor foi destituído e morreu no dia 31 de dezembro de 1936.

VENI, VIDI, VICI
Veni, vidi, vici (vim, vi, venci), proferida por Júlio César (100-44 a.C.) depois da vitória sobre Fárnaces II, rei do Bósforo, que invadira o território romano da Capadócia aproveitando-se das desordens causadas pela guerra civil em Roma. César a teria escrito originalmente em grego, mas provavelmente o general e ditador romano inspirou-se em conhecido texto de Terêncio que dizia: *imus, venimus, videmus (fomos, chegamos, vimos)*. A frase já era então um *topos* grego e aparece na coleção de provérbios do teólogo grego Miguel Apostólio (Século XV) e em outro do filólogo alemão Friedrich Wilhelm August Mullach (Século XIX): "*O mundo é um teatro e a vida é uma representação: vens, vês e vais*".

VERBA VOLANT, SCRIPTA MANENT
Estas frases atestam que ao contrário do que é dito, que pode ser esquecido, o que é escrito fica para sempre: as palavras (ditas) voam, as (palavras) escritas permanecem. Invocada com frequência, apareceu também em carta endereçada por Michel Temer (1940-), então vice-presidente da República,

queixando-se do desprezo que lhe era devotado pela titular, Dilma Rousseff (1947-), filha de um advogado búlgaro, casado com outra mulher, a quem abandonou na Bulgária para casar-se com a mãe da futura presidente da República. Era o dia 7 de dezembro de 2015 e na carta, que se tornaria famosa, ele destacou 11 pontos, provavelmente inspirado por Bertrand Russel, que recomendou aludir a fatos diante de interlocutores ou temas complicados, que suscitam dúvidas em excesso. Estas frases famosas são conhecidas por diversas designações: máximas, provérbios, sentenças e também brocardos. Michel Temer recorreu ao 'verba volant, scripta manent", que, ele homem de saber jurídico, deve ter retirado de algum compêndio de Direito, ambiente em que tais ditos célebres são muito citados. Mas por que ele terá recorrido ao Latim? Só o Presidente poderá esclarecer o verdadeiro motivo, mas este escritor e professor aventa a hipótese de que poderá ter sido para indicar, entre tantas diferenças, que ele, um constitucionalista, prezava e preza o Direito. E que ele só assumiria a presidência se o afastamento da então presidente, já muito mais do que um rumor, obedecesse aos atos litúrgicos constitucionais desta passagem, sempre dolorosa e sempre sujeita a controversas interpretações, o que acabou por acontecer. Ela foi deposta por *impeachment*, mas respeitáveis figuras, de notável saber jurídico, prosseguiram o embate em campos opostos, assegurando uns que foi deposição constitucional legítima, outros que foi golpe de Estado.

VIGIAI E ORAI

A história desta frase prende-se aos *Evangelhos*, na famosa recomendação de Jesus aos discípulos, alertando-os de que permanecessem vigilantes. O sono foi sempre um inimigo duro de vencer e os discípulos estavam dormindo quando soldados romanos vieram prender o mestre. O imperador Vespasiano (9-79) já era comandante militar poderosíssimo quando dormiu durante um cortejo. O rei da Grã-Bretanha, Eduardo VIII, duque de Windsor (1894-1972), conta em *Memórias de um rei* que vários soberanos dormiam nos desfiles e eram acordados pelas mulheres para saudarem os súditos. Políticos de todos os países são frequentemente surpreendidos em cerimônias importantes por fotógrafos ou câmeras que flagram o sono indevido. Nessas horas, quem deve vigiar é o fotógrafo ou o câmera.

VIRAR A CASACA

A política brasileira está cheia de gente que virou a casaca, isto é, homens públicos que trocaram de partido, passando a defender ideias que antes condenavam. A origem da expressão remonta a Carlos Manuel III (1701-1771), duque de Sávoia e rei da Sardenha. Sempre ameaçado, ora pela Espanha, ora pela França, usava as cores nacionais de uma dessas nações, de acordo com a aliada de ocasião. Tanto virou casaca que permaneceu no poder por 43 anos. No Brasil, muitos políticos mudaram de partido depois de eleitos. O presidente da então Arena, José Sarney (1930-), passou para o PMDB, em 1984, elegendo-se indiretamente vice-presidente da República. Todos sabem o que aconteceu depois.

VIVER É LUTAR
Quem popularizou esta frase no Brasil foi o poeta romântico Antônio Gonçalves Dias (1823-1864), que fez do índio o grande personagem de sua obra. A frase foi transformada em verso no famoso poema "Y-Juca-Pirama", em que são destacadas a coragem e a pertinácia dos guerreiros indígenas. O verso funciona como conclusão dos anteriores, que advertem: "A vida é combate/que os fracos abate". Antes, porém, que o escritor tivesse aproveitado a expressão em sua obra, o filósofo latino Sêneca (4 a. C.-65 d. C.) fizera seu registro, também como recomendação, numa de suas *Epístolas morais a Lucílio*: "*Vivere militare est*", cuja tradução literal resulta exatamente na frase cunhada pelo brasileiro.

VOSSA AMIZADE É MUITO CARA
Os velhos, dado um saber de experiências feito, sempre deram grandes lições à humanidade. A história desta frase famosa envolveu duas grandes figuras: o imperador Napoleão I (1769-1821) e o papa Pio VII (1742-1823). O primeiro, para quem a autoridade máxima da Igreja católica era apenas um velho a mais, estava mandando em meio mundo e só não conseguia subjugar o papa, a quem, entretanto, encarcerou por duas vezes. "Todos os poderosos da Europa o obedecem às minhas ordens, menos você, que recusa a minha amizade", disse o imperador, que confundia amizade com obediência. O pontífice respondeu com esta frase que tornaria célebre.

VULNERANT OMNES, ULTIMA NECAT
Todas ferem, a última mata, eis a tradução destas frases latinas nos antigos relógios. Mas elas só vão aparecer depois dos relógios mecânicos, que passaram a fazer soar uma batida, de que são exemplos os relógios nos altos das igrejas e prédios, que tiveram como seus predecessores os sinos, cujas badaladas convocavam o povo para rezar, trabalhar, festejar ou acompanhar

ritos fúnebres. Existem vestígios de que as primeiras tentativas de marcar o tempo ocorreram na África há cerca de 50.000 alunos, como atestado pelos ossos encontrados com cortes que podem indicar um calendário primitivo. Os mais antigos relógios do mundo têm origem na Babilônia e no Egito, civilizações avançadas já há 3.000 a.C. Na Babilônia, já existia o costume de dividir o dia em duas partes de doze horas, ensejando as divisões permitidas pelo sistema duodecimal, resultando em horas e segundos, uma vez que o minuto foi medido depois do segundo. Ainda no primeiro milênio, o califa de Bagdá, Harun al-Rashid, presenteou Carlos Magno com um relógio mecânico de onde saía um cavaleiro que anunciava as horas. O monge beneditino de nacionalidade francesa, Gerbert d'Aurillac, mais conhecido por ter-se tornado o papa Silvestre II (950-1003), foi o inventor do relógio mecânico no Ocidente.

ÍNDICE REMISSIVO

A

A arte é uma mentira que revela uma verdade, 7
À beça, 7
A bom entendedor, meia palavra basta, 7
A bondade das mulheres é mais passageira que sua beleza, 8
A burrice é contagiosa; o talento, não, 8
A casa da mãe Joana, 9
A cascais, uma vez e nunca mais, 9
A crítica não ensina a fazer obras de arte; ensina a compreendê-las, 9
A dar com pau, 10
A democracia é uma superstição estatística, 10
A emenda saiu pior do que o soneto, 10
A imprensa é o quarto poder, 10
A maioria dos homens se apaixona por Gilda, mas acorda comigo, 11
A montanha pariu um rato, 11
A mulher é porta do diabo, 11
A ocasião faz o ladrão, 12
A política não é uma ciência, mas uma arte, 12
A praça seca não é seca, 12
A preço de banana, 13
A pressa é inimiga da perfeição, 14
A seleção é a pátria de calções e chuteiras, 14
À sombra de um grande nome, 14
A terra é azul, 15
A terra lhe seja leve, 15
A toque de caixa, 15
A vida é breve, 16
A voz do dono, 16
A voz do povo é a voz de Deus, 16
Abre-te Sésamo, 17
Acta est fabula, 17
Ad referendum, data venia, 17
Ad immortalitatem, 18
Ai dos vencidos!, 18
Ainda há juízes em Berlim, 19
Alea jacta est, 20

Amigos, perdi o dia, 20
Ao deus-dará, 21
Aqui se faz, aqui se paga, 21
As mulheres perdidas são as mais procuradas, 21
As pernas são tão bonitas. apenas sei o que fazer com elas, 22
Assim é, se lhe parece, 22
Até aí morreu neves, 22
Até tu, Brutus?, 22
Até que a morte os separe, 23
Avant la lettre, 23
Ave maria!, 23

B

Bafo de onça, 25
Bateu as botas, 25
Beija-me com os beijos da tua boca, 26

C

Cada povo tem o governo que merece, 27
Cair na gandaia, 27
Calendas gregas, 28
Chegar de mãos abanando, 28
Cherchez la femme, 29
Cobra que perdeu o veneno, 29
Coisas do arco da velha, 29
Colocar panos quentes, 31
Com a pulga atrás da orelha, 31
Com uma mão se lava a outra, 31
Com o nome na boca do sapo, 31
Comer mortadela e arrotar peru, 32

Como vai você?, 33
Conversa mole para boi dormir, 33
Costeando o alambrado, 33
Custar os olhos da cara, 34

D

Dar uma banana, 35
Dar uma de João-sem-braço, 35
Das coisas da casa cuide a mulher, 36
De boas intenções o inferno está cheio, 36
De pequenino é que se torce o pepino, 37
Deixo a vida para entrar na história, 37
Depois de mim, o dilúvio, 37
Deu de mão beijada, 37
Deu um nó, 38
Deus me defenda dos amigos, que dos inimigos me defendo eu, 38
Dinheiro não tem cheiro, 38
Discutir o sexo dos anjos, 39
Dividir para governar, 39
Dize-me o que comes e eu te direi quem és, 39
Dizer as coisas em alto e bom som, 40
Dois bicudos não se beijam, 40
Dourar a pílula, 40

E

É a ovelha negra da família, 43
É de tirar o chapéu, 43
É do tempo do onça, 43
E eu estou por acaso num leito de rosas?, 44

E eu sou besta?, 44
É feio como quasímodo!, 44
É gente de meia-tigela, 45
É mais fácil enganar a multidão do que um homem só, 45
É mais fácil um camelo passar pelo fundo de uma agulha do que um rico entrar no céu, 45
É possível medir a inteligência, 46
É seu batismo de fogo, 46
É um elefante branco, 46
É um nó górdio, 47
É um pequeno passo para o homem, mas um passo gigantesco para a humanidade, 47
É um pé-rapado, 48
Ele só pensa naquilo, 48
Elementar, meu caro Watson, 48
Eles que são brancos, que se entendam, 49
Em se plantando, tudo dá, 49
Em terra de cego, quem tem um olho é rei, 49
Entrar com o pé direito, 50
Envelheçam depressa antes que seja tarde, 50
Eros, amargo e doce, é invencível, 50
Errar é humano, 51
Erro crasso, 51
Espírito de porco, 51
Está piorando menos, 52
Estar com o diabo no corpo, 52
Estar com o rei na barriga, 52
Eu acuso, 52
Eu não sou ministro, eu estou ministro, 53
Eu quero ficar sozinha, 53

F

Façam o que eu digo, mas não façam o que eu faço, 55
Falai baixo, se falais de amor, 55
Falar pelos cotovelos, 55
Fazer fiasco, 56
Fazer tempestade em copo d'água, 56
Fazer uma mesa redonda, 56
Ficar a ver navios, 57
Foi o maior arranca-rabo, 57
Foi uma batalha de três reis, 57
Foram somente quatro ou cinco gatos-pingados, 58

G

Ganharás o pão com o suor de teu rosto, 59
Glória a deus nas alturas, 59

H

Habeas corpus, 61
Homo sum: humani nihil a me alienum puto, 61
Houve muitos músicos famosos, mas apenas um Beethoven, 62
Houve muitos papas e um único michelangelo, 62

I

Imprima-se a lenda, 63
Independência ou morte, 64
Inês é morta, 64

L

Lamber os dedos, 67
Ler nas entrelinhas, 67
Levou um puxão de orelha, 67
Libertas quae sera tamen, 68
Livre nasci, livre vivo, livre morrerei, 68

M

Magna Carta, 69
Manda quem pode, obedece quem precisa, 69
Maria vai com as outras, 70
Mas isto fala!, 71
Mateus, primeiro aos teus, 71
Memento, homo, quia pulvis es et in pulverem reverteris, 71
Meu reino por um cavalo, 72
Misturar alhos com bugalhos, 72
Morro pela minha pátria com a espada na mão, 72
Morro porque não morro, 73

N

Nada temos a temer, exceto as palavras, 75
Não é nenhuma sangria desatada, 75
Não entendo patavina, 75
Não foi para isso que eu o inventei, 76
Não lamento morrer, mas deixar de viver, 76
Não me cheira bem, 76
Não perguntem o que a América fará por vocês, 77
Não posso interpretar um perdedor: não me pareço com um, 77
Não sabe nem o dó, ré, mi, 77
Não se pode governar um país que tem 246 variedades de queijo, 78
Não suba o sapateiro acima da sandália, 78
Nas revoluções, o difícil é salvar a porcelana, 78
Nascer de bumbum virado para Lua, 79
Navegar é preciso, viver não é preciso, 79
Noblesse oblige, 79
Nós, as mulheres, não somos tão fáceis de conhecer, 80

O

O amor é mais forte do que a morte, 81
O amor é uma enxaqueca universal, 81
O amor é uma loucura, 81
O amor que não ousa dizer seu nome, 82
O cinema não tem futuro comercial, 82
O coração tem razões que a razão desconhece, 82
O escritor é irmão de caim e primo distante de Abel, 83
O estado sou eu, 83
O homem põe, mas deus dispõe, 83
O pênalti é tão importante que deveria ser cobrado pelo presidente do clube, 84
O poder é o afrodisíaco mais forte do mundo, 84
O povo quer pão e circo, 84
O real não está nem na saída nem na chegada: ele se dispõe para a gente é no meio da travessia, 85

O rei reina, mas não governa, 85
O senhor combinou com os adversários?, 85
O ser humano não pode suportar muita realidade, 86
O sertanejo é, antes de tudo, um forte, 86
O silêncio é de ouro, 86
O sucesso é doce, 87
O viaduto é a menor distância entre dois engarrafamentos, 87
Olho por olho, dente por dente, 87
Ordem e progresso, 88
Os acionistas são ovelhas ou tigres, 88
Os aduladores são os piores inimigos, 88
Os fins justificam os meios, 89
Os negócios são o dinheiro dos outros, 89

P

Pagar o pato, 91
Pagar tim-tim por tim-tim, 91
Pai da pátria, 91
Para inglês ver, 92
Para tudo servem as baionetas, menos para sentar-se sobre elas, 92
Paris é uma festa, 92
Paris vale uma missa, 93
Pater familias, 93
Pedi e recebereis, 93
Pega para capar, 94
Peixe morre pela boca, 94
Penso, logo existo, 95
Pentear macacos, 95
Ponha as verduras sobre o vaso, 95
Pôr as mãos no fogo por alguém, 96
Pôr em pratos limpos, 97
Primeiro viver, depois filosofar, 97

Q

Quando não somos intelígiveis é porque não somos inteligentes, 99
Quando os reis enlouquecem, os gregos apanham, 99
Que bicho foi que te mordeu?, 99
Que seja em nome de deus, 100
Quem dá aos pobres, empresta a deus, 101
Quem não está conosco, está contra nós, 101
Quem não lê/ mal fala/ mal ouve/ mal vê, 101
Quem não se comunica se trumbica, 102
Quem vai pôr o guizo no pescoço do gato?, 102
Quero que vá tudo pro inferno, 102
Quousque tandem abutere, catilina, patientia nostra?, 103

R

Rasgar seda, 105
Ra-tim-bum, 105
Rico ri à toa, 106
Ripa na chulipa e pimba na gorduchinha, 106

S

Saber é poder, 107
Sair à francesa, 107
São todos farinha do mesmo saco, 107
Sarilho de liceus na cantabrígia, 108
Scientia vinces, 108

Se a montanha não vem a Maomé, Maomé vai à montanha, 109
Se duvidas de ti mesmo, já te venceram antecipadamente, 109
Se não é verdade, está bem inventado, 110
Ser homem de boa-fé, 110
Sete é conta de mentiroso, 111
Sigam-me os que forem brasileiros, 111
Similia similibus curantur, 112
Somente o trabalho garante à mulher uma liberdade completa, 112
Suje-se gordo, 112
Surdo como uma porta, 113

U

Última flor do lácio, inculta e bela, 119
Um é pouco, dois é bom, três é demais, 119
Um gênio compõe-se de 2 por cento de talento e 98 por cento de trabalho, 120
Uma andorinha não faz Verão, 120
Uma no cravo, outra na ferradura, 120
Urbi et orbi, 120

T

Tal pai, tal filho, 115
Tem pai que é cego, 115
Temo o homem de um livro só, 115
Tempo é dinheiro, 116
Ter carradas de razão, 116
Toda verdade deve ser reinventada, 116
Todo poder emana do povo e em seu nome é exercido, 117
Tristezas não pagam dívidas, 117
Tudo como dantes no quartel de Abrantes, 117
Tudo nos trinques, 117

V

Vá plantar batatas, 123
Vá tomar banho, 123
Vem quente que eu estou fervendo, 123
Vencereis, mas não convencereis, 124
Veni, vidi, vici, 124
Verba volant, scripta manent, 124
Vigiai e orai, 125
Virar a casaca, 125
Viver é lutar, 126
Vossa amizade é muito cara, 126
Vulnerant omnes, ultima necat, 126